好领导
都善问

できるリーダーは、「これ」しかやらない ［聞き方・話し方編］

激发员工主观能动性的**30**个"强效提问"

[日]伊庭正康——著　李永丽——译

中国科学技术出版社

·北 京·

DEKIRU LEADER WA, "KORE" SHIKA YARANAI
[KIKIKATA · HANASHIKATA HEN] by Masayasu IBA, ISBN：978-4-569-85265-2
Copyright © 2022 by Masayasu IBA
First original Japanese edition published by PHP Institute, Inc., Japan.
Simplified Chinese translation rights arranged with PHP Institute, Inc.
through Shanghai To–Asia Culture Co., Ltd.
Simplified Chinese translation rights © 2024 by China Science and Technology Press Co., Ltd.
All rights reserved.
北京市版权局著作权合同登记 图字：01-2023-5058。

图书在版编目（CIP）数据

好领导，都善问 /（日）伊庭正康著；李永丽译
. —北京：中国科学技术出版社，2024.4
ISBN 978-7-5236-0526-4

Ⅰ . ①好… Ⅱ . ①伊… ②李… Ⅲ . ①领导学 Ⅳ .
① C933

中国国家版本馆 CIP 数据核字（2024）第 042113 号

策划编辑	何英娇	执行编辑	邢萌萌
责任编辑	孙倩倩	版式设计	蚂蚁设计
封面设计	东合社	责任印制	李晓霖
责任校对	吕传新		

出　　版	中国科学技术出版社
发　　行	中国科学技术出版社有限公司发行部
地　　址	北京市海淀区中关村南大街 16 号
邮　　编	100081
发行电话	010-62173865
传　　真	010-62173081
网　　址	http://www.cspbooks.com.cn

开　　本	880mm×1230mm　1/32
字　　数	129 千字
印　　张	6.875
版　　次	2024 年 4 月第 1 版
印　　次	2024 年 4 月第 1 次印刷
印　　刷	大厂回族自治县彩虹印刷有限公司
书　　号	ISBN 978-7-5236-0526-4 / C·252
定　　价	59.00 元

序
PREFACE

提问——领导者难题的解决之道

你会"对话"吗——不是指导或训示

原谅我从一个问题开始。你最近与下属"对话"过吗？

很多人说："太忙啦，实在抽不出时间。"

也有人说："现在很多时候都在远程办公，很少和下属面对面交流。"

当然还有人说："我每天都在认真地指导下属如何工作。"

对话，并非单向的指导或训示，也不是你一言我一语的闲谈，而是相互倾听、捕捉话语表象之下的心声，比如谈话对象的想法、顾虑和愿望。

"他对现在的岗位满意吗？"

"他在担心什么？"

"他选择入职本公司的初衷是什么？"

"他的身体状态如何？"

"他有来自职场人际关系方面的心理负担吗？"

上述关于下属的问题，如果你做不到了然于胸，那么可以确定你的职场存在"对话不足"的问题。

"对话不足"是职场问题的根源

作为培训公司讲师，在为多家大型企业提供培训服务的过程中，我确认了一件事——职场问题，有九成，不，可能有十成源自"对话不足"。

反过来说，"对话"能让绝大多数问题都不复存在。甚至对领导者来说，"提问"能解决下属的很多问题。诸如团队效率低下、个人自主性差、销售业绩平庸、成员接连跳槽等问题都能迎刃而解。而这只需要从"善问"开始。

当然，这里的"问"并非仅达成字面意思。错误的提问方式会让对方无法真诚地回答。

也不能随便找个时间漫无目的地长谈。身为上司的你固然很忙，而下属同样也有大量的工作需要处理。一句"咱们聊会儿吧"，然后陷入无休止的闲聊中，双方都会感到疲惫。此时的"对话"，必须规避"无效"。然而，多数上司并不知道个中技巧。

关于"对话"的时间困惑

看到这里，你们或许会想："对话固然重要，可是没有时间啊！"

深表同意。如今部门经理这个角色，多数都是队员兼教练（Playing Manager），难免终日忙忙碌碌。

我曾经也如此。当时我在销售部门任管理职位，每天时间中的一半消耗于公司会议，剩下的一半则疲于处理身为队员的那部分工作。哪有时间与下属沟通对话？

即使有人提醒我："你最好抽时间和下属交流一下。"我也肯定会说："我知道。但是我太忙了，实在抽不出时间。"

而现在的我，则要问当时的自己："你是说，手头的那些业务比下属更重要吗？"

当时的自己应该会迟疑："不，不能这么说……"

现在的我接着问："如果有时间和下属对话，那么你打算采用什么样的方式？"

诱发对方自主意识的"强效提问"（power question）

注意，提问正是对话的技巧之一。

通过向对方征询"采用什么样的方式"，诱发对方主动思考。

"采用什么样的方式……嗯，或许可以先确定当面交谈的时间。"

这就是提出问题的力量。如此引导对方得出自己的结论，他就会带着认同感和自主性积极参与。你不必给出各种建议，也不必伸出援手，工作便能轻松起来。提出问题能消除下属的一些烦恼。

引导对方主动表达、自主行动的"强效提问"，适用于任何场合。本书将具体介绍这样的提问方法。

蒙读者厚爱，由笔者所著，于 2019 年在日本出版的《少干更高效》[①]一书，销量已超 16 万册，荣登畅销图书排行榜。而本书将进一步聚焦其中读者最为关注的"上司与下属的对话"模块，结合大量实例展开讲解。

本书内容简单易懂，希望看过本书，您能收获一件新的"武器"——提问的能力。

如果本书能对"疲于奔命的管理者""工作安排不下去的领导者"有所帮助，那么笔者将不胜欣喜。

本色研究所（Rasisa Lab）公司董事长、培训师

伊庭正康

[①] 2021 年，中国科学技术出版社出版了该书汉译本。——译者注

目录
CONTENTS

第4章 活用提问，激励"躺平"的下属 … 079

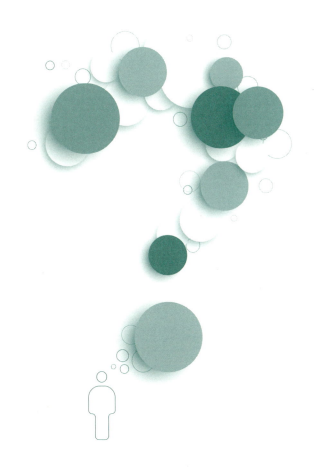

第1章

从强人转向倾听者——理想上司形象的巨变

01 现实的冲击！近 10 年，下属"对上司的期待"发生了巨变！

> 作为上司的要素是什么？强大的号召力？卓越的工作能力？
>
> 实际上，下属对上司的期待已与过去大相径庭。
>
> 所以，我们首先要认清这一现实。

下属"不需要强人上司"的时代

下属自主性差，该怎么办？

是时候把领导的姿态拿出来了！

诸如此类，有没有一件事让你忽然丧失信心？

如果有，那么有些信息我们现在应该了解。

其中一个就是："如今的下属对上司有什么期待？"

不过，真正的情况可能会给你的认知带来不小的冲击。

瑞可利管理咨询公司（Recruit Management Solution）发布的《2021 年新员工调查》显示，近 10 年来下属对上司的期待出现了巨大变化。具体如何，让我们来看一下。

【对上司的期待】

第 1 位 "认真倾听对方的意见和想法"（51.3%）[+5.3pt]

第 2 位 "耐心指导每一位下属"（47.7%）[+13.7pt]

※[ ] 内是近 10 年的上升率，详细内容请看后面的图 1-1。

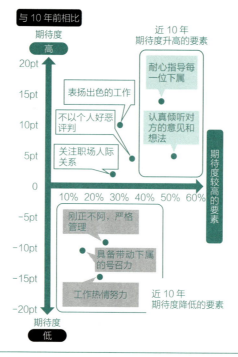

图 1-1　下属对上司的期待

"认真倾听"和"耐心指导"占据前两位，并且这两项占比近 10 年均有所提升。

无需号召力，也无需工作热情！

如果这样还够不上认知冲击，那就重点看以下三项：

第 6 位 "刚正不阿，严格管理"（25.2%）[◀ 8.8pt]

第 7 位 "工作热情努力"（21.4%）[◀ 14.6pt]

第 8 位 "具备带动下属的号召力"（16.3%）[◀ 10.7pt]

如何？是不是很有冲击感？

工作热情和号召力，逐渐都不再被下属需要。

领导者又该怎么做？

当然，这毕竟只代表"新员工"的观点，事实并非完全如此。带动下属必然是领导者的职责所在。

只是在考虑领导者的应有姿态时，我们应注意不能漏掉"认真倾听对方的意见和想法"这一条。

虽然该项调查的调查对象限定于新入职群体，但在价值观和生活方式多样化的今天，面对所有年龄段的就业者，我们都不能忽视这一点。

要点　不需要强人上司，而需要能够"认真倾听"每一位下属的上司。

02 受过"社交技能"英才教育的 Z 世代①

> 可能有很多人会说"现在的年轻人很'散漫'"。然而，这样带有偏见的看法无助于人们的相互理解，只会给人徒增烦恼。

从小学就开始学习辩论的 Z 世代

他们为什么这么在意"认真倾听"呢？我是这么认为的：**因为他们是社交技能精英。**

什么是社交技能？简单来说，就是建立良好人际关系的技能。

为什么说 Z 世代是社交技能精英呢？答案就在他们所接受的教育里。

首先，我们要了解他们所受教育的基础——新学力观。

1989 年，新学力观进入日本中小学《学习指导要领》，其

---

① Z 世代：通常是指出生于 1995 年至 2009 年的新时代人群。他们出生在互联网时代，深受数字科技、即时通信、社交媒体的影响，因此又被称为"网生代""互联网世代""二次元世代"等。——译者注

本质是"尊重学生个性的教育"。这源自对日本原有教育方式的反省：灌输式教育给学生带来的社交障碍。

2002 年，相关部门修订了《学习指导要领》，越发重视"综合性学习（从讨论和实践中学习）"。教学不再是灌输式教育，而是通过讨论引导学生自己找出正确答案。

Z 世代的人从小学低年级就开始讨论"我们应该怎么说话才能让班级变得更好，让每位同学都感到轻松愉悦"。

公司一位后辈的女儿（在奈良县）某小学六年级读书，她的班级已开展辩论练习。

我们将他们称为"社交技能"精英并不为过。

顺言和逆语

有时，我会利用身为培训师的工作便利，向学员请教为什么如今的下属不需要"严格和强悍"的上司。几次交谈下来，发现学员对"严格"和"强悍"的定义并不清晰。

听说过"顺言和逆语"的学习吗？

所谓"逆语"，是让人听了不舒服的刺耳话，比如"这可不行啊""你连……都不知道""只能这么办"。而"顺言"则让听者心情愉快，像"很开心""谢谢""好啊"就属此列。

哪些话是顺言？哪些话是逆语？人们听了会有什么感受？——Z 世代从小学低年级就开始讨论和学习了。

在他们的"辞典"里，"严格"和"强悍"都属于逆语，是让人讨厌的词，意味着强迫和违背意愿。

我不止一次听他们说，非常抵触上司省掉称谓直呼自己的名字，也生怕被上司提醒"好好检查一下啊"，觉得上司说"你干了之后再说"之类的话非常不合理。

我们不妨换个思路。

他们并非不需要领导者的"严格"和"强悍"，而是不知道什么是真正的"严格"和"强悍"。

不过，从前那种"你这样不行！认真点"的命令式口吻，现在恐怕难以服众了，而我们需要做的其实并不复杂。

首先是关心下属的想法，上司应在认真倾听的基础上，依然直言不讳。本书将具体介绍相关技巧。

Z 世代是社交技能精英。然而，领导者在管理上不可过于宽松，一味迎合。

有些年轻人并不喜欢"过于宽松的职场环境"

> 不少年轻人嘴上说着"讨厌严格"，行动上却因职场环境过于宽松而辞职。
>
> 有一个事实是：离职率会随待遇的改善而提升……

错不严斥，却留不住员工

下文介绍的是日本瑞可利管理咨询公司发布的另一个颇具冲击性的调查结果。

不断改善待遇的大型企业，年轻员工的离职率反而更高。

大型企业率先做到了缩短劳动时间。据统计，日本大型企业新员工的平均工作时间为每周 44.4 小时，每天加班 1 小时左右。即使员工主动加班，也会被提醒尽快回家。这样的场景已成为大型企业的日常。

另外，避免训斥员工的上司不断增多。

工作失误、犯错，泄气、消极的员工均不被训斥。然而，离职率却不降反升。这是因为越有上进心的年轻人，越会觉得**"在过于宽松的职场环境中无法成长"**，于是尽早辞职，另谋发展。

日本厚生劳动省发布的应届生离职状况调查结果显示，大型企业（职员人数在 1000 人以上）新员工入职 3 年内的离职率自 2009 年开始一路攀升，从 2009 年的 20.5% 上升至 2017 年的 26.5%。其中，在大学时代积极参加实习、职场见习经验丰富的毕业生的占比呈上升趋势。

在我主讲的培训课上，有的年轻人发出的质疑相当尖锐。

"这还不如上大学时严格。"

上司要追求"定义"

诚然，公司改善待遇，缩短劳动时间，本身并没有错。

我确信，其因在于衍生的"过于宽松的职场环境"。

一味鼓励员工"别怕犯错！要勇于挑战一切"，或是一味打压员工"别把事情想得太简单"，都是错误的。指导下属的关键，是要给出他们专业的标准，即"一个个定义"。

如果说"别怕犯错"，那用什么来界定"错"？

工作中要学会在"对方坐标"中思考问题，那么何为"对方坐标"？

自主工作才能得到成长，"自主"又是什么意思？

创造张弛有度的职场环境，就要定义标准。领导者的"应有姿态"是通过对话，以"问"来给出定义。

据说，丰田汽车公司经常会提及定义。

《丰田开会 30 分钟》（山本大平著）中描述了这么一个场景：下属报告"一切顺利"，上司问"顺利的定义是什么"。作者由此意识到讲话"不可掉以轻心"。

比如，下属邮寄合同时没有附寄"回信用信封"。这个小失误虽不至于被投诉，但客户可能会想："啊，难道要我们自己准备信封吗？这家公司做事不周全……"

我们来模拟一组对话。

上司： 我们平时总是强调要在"对方坐标"中推进工作。你在寄合同时，好像没附寄"回信用信封"。如果在"对方坐标"中的话，最好该怎么做？

下属： 确实，是啊……最好是放上。

上司： 还有呢？

下属： 还有……啊，最好再写上几句感谢的话。

上司： 嗯，不错。以后你在工作中可能就更加得心应手了。

如此，认真倾听、耐心指导每一位下属就是上司的"应有姿态"。

"不严格"不代表"纵容"。

以专业的提问来指导下属。

---

04 九成上司"不懂对话"

常听有上司慨叹"不了解下属""下属自主性太差让人发愁"，其实原因多出于自己。身为上司的你，真懂得如何和下属对话吗？

某优质企业珍藏的指导下属技巧

"不知道下属在想些什么……"

"50 岁以上的下属工作积极性低，很难搞……"

"下属缺乏自主性，愁人……"

在我主讲的管理者培训课上，每次都会出现以上话题。

答案或许可以在大型连锁折扣店"堂吉诃德"的《管理的铁律》一文中找到。

长期实现增收增益的"堂吉诃德"还有一个著名特点：店铺内负责理货和导购的兼职工、小时工都热衷建言，积极提出"我想这样做""我想那样办"，有时连店长都自愧不如。

最大限度激发员工的自主性，就是"堂吉诃德"式管理。《管理的铁律》中写道：

- 上司不可"逞威风"。（位列第一条）
- 上司不能中途打断下属讲话。
- 无论下属说了什么，上司应认真理解其想法。
- 上司听下属讲话要听完整，努力理解，不懈怠。

怎么样？那些说"不知道下属在想些什么"的人，是不是经常打断下属讲话？是不是一副耐着性子在听的样子？如果是，那就好解决了。将谈话切换成对话即可。

有谈话、无对话的职场

关于对话和谈话的区别，你可以这样认为：

谈话是话语的来往。

对话是想法的交流。

不好理解吗？那就模拟一下场景。

上司：怎么样？这周忙不忙？

下属：嗯。年末了，相当忙。没办法早点下班回家。

上司：辛苦啦！这都是暂时的，加油干!

你能分辨出这是谈话还是对话吗？

这只是单纯的谈话，而不是对话。因为缺乏对"想法"的了解。根据我以往的培训经验，**有九成上司不懂得对话。**

在对话中，上司要关心和倾听下属的想法。这样，下属才会讲得更多。

下属：嗯。年末了，相当忙。没办法早点下班回家。

上司：这样啊……能跟我说说情况吗？都有哪些工作要做？（下属回答原因）

"有什么办法能加快这些工作的进度吗？"（下属提出意见）

上司询问下属怎么想，才是对话。

不过，我也知道这格外难。因此，本书将介绍简单易懂的"善于倾听的上司都在使用的提问技巧"，以便忙碌的上司们能够轻松上手。

 要点　不了解下属，是因为上司没掌握对话技巧。

05　问难启齿——上司的共同苦恼

> 当今社会十分重视个人信息的保护。在这样的背景下，
> 人们的交谈会尽量避免涉及个人隐私。
> 难道避谈私人话题一定是正确的吗？

事实上，下属更有私人对话的意愿

"我会尽量避开私人话题"，在我主讲的管理者培训班上，几乎每次都能听到这样的声音。

理由很简单：下属可能不想聊这些。

我能理解这样的想法，也能理解管理者对"私人话题"的回避。

很多基层的下属虽不至于主动提出进行私人话题的对话，**但内心却认为"私人话题的对话很重要"，会让工作关系变得顺畅。抱有这种想法的下属比例，要远高于抱有同样想法的上司比例。**

瑞可利管理咨询公司发布的《上司与下属间交流的实况调查》结果给出了证明。

该调查结果指出，相比上司，有更高比例的下属认为"闲聊家常和私人话题"非常重要。并且，如果彼此间的上下级关系未满半年，这种倾向则更加明显。

在我的培训班上，说"不想进行工作以外的对话"的下属几乎没有。而越是"避开私人话题不谈"的上司，就越是为与下属建立信任关系而苦恼。

顿悟——原因正是对个人情况缺乏了解

想起过去初任管理岗位时，我遇到过一位比我资历更深的下属。每次安排她工作，她都要跟我理论一番。

"为什么要这么做？这么做会有效果吗？"

"这节骨眼才说，我可做不了。为什么不能早点通知我？"

"就知道增加工作量，工资纹丝不动，这合理吗？"

一套套的说辞，我每次都要费一番口舌安抚她。

"太难缠了。"这是我当时的真实感受。

然而，有新的工作任务时，我还是要拜托她，当然还要硬着头皮再受一番数落。几个回合下来，彼此关系毫无加深，反而越来越僵。

一次，另一名下属忍不住告诉我："这事她没跟旁人说过，我也只告诉您，还请您也别说出去。她是个单亲妈妈，每天早晨4点钟就要起床为孩子准备便当，收拾家务，然后把孩子送到托儿所后再赶来上班。下班后再去接孩子，做晚饭，陪伴孩子。每天安排得满满当当，所以才会对工作量加大如此抵触。"

之前不了解……难缠是因为这样……

那一瞬间，我猛然醒悟：做好管理，需要了解下属的个人情况。

然而，私人话题确实非常敏感，贸然发问可能会构成冒犯。

本书将介绍自然引导下属吐露个人情况的技巧。请大家参考。

要点

私人话题非常敏感，

一无所知则管理难为。

06 不合时宜的话说得越多越惹人厌

虽说身为上司要重视提问，但这并不意味着说得越多越好，因为存在"提问的禁区"。

容易脱口而出却又不合时宜的问题，都有哪些呢？

在 200 人面前冷汗直流的经历

前文一直强调提问的重要性，但我们一定要注意规避拙劣的问话方式，否则会适得其反。

"那么你认为哪些提问方式很拙劣呢？"

……

我可以告诉你，这个问题本身就是惹人厌的、拙劣的。我们首先要避开的就是这种"考试型提问"。

"你认为是什么？"

"知道……吗？"

"你觉得什么时间才对？"

凡此种种。

乍一看可能没什么，但它们有可能使对方产生不适感，还有可能伤及对方的自尊心。

前几天，在一场交流活动中，在 200 多人的注视下，有人问了我一个问题。

冷不丁被考了一下，我先是有点蒙，随后大脑飞快检索所知，才说出了答案。那种场合如果说错了，后果将不堪设想。

发问者是一位儒雅博学的绅士，当时这么问我大概就是脱口而出。只是假如我答错了，他该如何圆场？

容易脱口而出的"考试型提问"

很多上司在面对下属时，考试型提问很容易脱口而出。因为他们预设了一个前提——"我的主张就是正确答案"（表 1–1）。

表 1–1　令人不快的上司提问

上司的提问	下属的回答	上司的主张
你认为哪种方法好？	这种方法	这能进行得下去吗？
你认为什么时间合适？	星期五	难道星期一不行吗？
你知道……吗？	是……吧	回答正确。知道的不少嘛！

这样的考试型提问的模式，即提问→正确答案/错误答案，带有居高临下的意味，单方面推进自己的主张，是惹人厌恶的多余一问。**发问者内心认同这种考试型提问才会脱口而**

出。**惹人厌却不自知，才是可怕之处。**

善于管理的上司，会以"正确答案在下属口中"为前提。

上司： 我想了解确切的状况，能跟我说说吗？

下属： 好的。

上司： 在忙什么工作？ →是吗……具备什么条件可以解决？ →确实。

如此，站在请教的立场向下属发问（请教才是关键）。

后面我将毫无保留地介绍此类请教式对话的技巧。

要点 提问很重要，但我们要注意规避考试型提问。

避免上演"国王的新衣"的有效方法

> 缺乏自信的管理者,往往不愿直面来自下属的负面反馈。对于这种心情,我可以理解,不过,我们还是有办法降低心理抵触程度。

越是缺乏自信的人,越害怕"反馈"

《万亿美元教练》(*Trillion Dollar Coach*)的日文版的腰封上写着:

史蒂夫·乔布斯(Steve Jobs,苹果公司联合创始人)

埃里克·施密特(Eric Schmidt,谷歌公司原董事长兼首席执行官)

拉里·佩奇(Larry Page,谷歌公司联合创始人)……他们有一位共同的老师。

这位共同的老师便是该书的主人公——传奇商业教练比尔·坎贝尔(Bill Campbell)。上述著名的领导者均以比尔·坎贝尔为师,积极接受反馈是他们的共同点。

大家可能不明所以,我讲这个故事是何用意?我想说的是，一流的领导者会珍视反馈。

大家也试着像他们一样，向下属或上司积极寻求反馈，如何？

如果你因为害怕收到负面反馈而一味逃避，那就需要特别注意了。

以我的经验，越是下属评价低的上司，越有逃避下属反馈的倾向。

导入"360度测评"（上司评下属，下属评上司，同事互评的评价机制）时，这些上司必定会说"这没意义""时机不合适"等，想方设法对此加以阻挠。

一对一面谈的真正目的

我无意鼓吹实行"360度测评"。真正参与过该项测评的人，或许这样想过："大家肯定会知道这些意见是我写的，得罪人的话就难办了……"

坦白讲，我也这么想过。

当然，"360度测评"是一种有效的工具。然而，它终究只能诊断"结果"。

关键在于我们要将接受反馈常态化，防患于未然。

为此，我们不妨尝试下"一对一面谈"。

现在有超七成的公司已正式导入一对一面谈机制。每2~4

周进行一次每次 15~30 分钟。双方进入一个房间（或线上）进行面谈，上司倾听下属的困扰。面谈期间上司不能打断下属讲话，全程倾听。这就是一对一面谈。

面谈的主题有二：

①职场困扰

②业务困扰

为什么说一对一面谈是下属对上司进行反馈的场景呢？答案是，职场困扰和业务困扰几乎都因上司在管理上存在不足而产生。

虽然批判上司的管理方式很难，但我们讲述职场困扰和业务困扰却意外地简单。

怎么样？是不是没那么难了？

这就是上司倾听的力量之一。

本书第 7 章将全面介绍推进一对一面谈的具体方式。

一对一面谈不仅是上司倾听下属心声的场景，更是了解下属对上司反馈的机会。

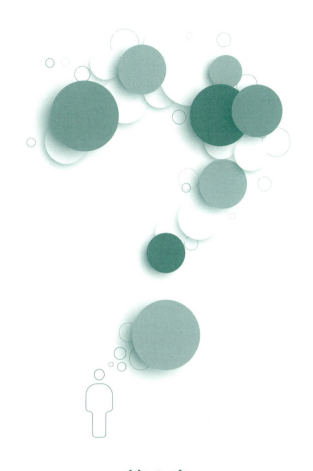

第 2 章

不限对象"持续倾听"30 分钟的技巧

做好上司的新条件——专注倾听

> 开头本想倾听，结果自己侃侃而谈。
>
> 因为一旦沉默，对话将无法持续。倾听竟意外艰难……

沉默不易

和下属面谈，你有过下述情况吗？如果有，就要将其看作要克服的弱点。

回过神来，自己已经讲开了。

想不出下一个问题，对话中断。

管理大师彼得·德鲁克（Peter Drucker）说过：

- 过去领导者的主要工作是下达命令，未来领导者的主要工作将以倾听为重。
- 交流时，最重要的是倾听对方未说出口的真实想法。

你也许会说，不用德鲁克说我也知道倾听很重要。不过，我还是要请大家思考下倾听的真意。

倾听催生认同感

假设有一名消极待命的下属，即使上司提示他要提高自主性，也很难奏效。上司需要不厌其烦地提问。

上司： ××，你带带新员工，怎么样？

下属： 啊，好的，知道了。

上司： 谢谢。你有什么困扰吗？有的话可以和我说说。

下属： 啊……不，没什么……

上司： 那我就放心了。你平日和新员工接触比较多，所以想问问你的意见。指导新员工时，有没有什么阻碍因素？或者你可以设想一下有哪些？

下属： 是啊……我自己也很忙，担心抽不出来时间……

上司： 是吗……怎么这么忙呢？

下属： 工作量增加了，时间安排得很满。

上司： 是吗……工作量太大，如果不这么忙的话，你能安心指导新员工了吗？

下属： 倒也不能这么说。

上司： 这样啊。那又是为什么呢？

下属： ……

上司： ……（沉默）

下属： 我没有指导新员工的自信……

危险!

单单口头指示下属指导新员工,会有不能顺利达成的风险,甚至还有导致下属情绪崩溃的风险。

首先,下属并未认同此事。这就要上司通过不断重复该想法,反复提问,耐心地获得认可。

有些情况下,上司可能会耗时几十分钟。通过这段对话,我们可以确认提问的重要性。

不过,能掌握这类对话的上司,只有一两成。

"希望你来带带新员工""……知道了""知道你很忙,拜托了!"这种情况占多数,风险十足。

总之,**变身倾听者,是身为上司不可或缺的技能。**

不过,做到长时间倾听会格外难。

本章将介绍在与下属对话的过程中,上司持续倾听的技巧。

要点 1 分钟、2 分钟太短,领导者需要掌握持续倾听 30 分钟以上的技能。

02 不善提问者的靶向问题

成功化身为倾听者，对话却还是难以为继，基本都是提问方式出了问题。其中多数是由于使用了靶向问句。

容易提出的靶向问题

仔细观察那些断断续续不甚流畅的交谈，我发现：**这种情况的产生是因为谈话一方提出了靶向问题，问话如打靶，目的性过强。**

来看下面两段对话。

【对话 1】

上司：最近忙吗？

下属：挺忙的。

上司：那是因为进入了业务高峰期吗？

下属：不是，业务高峰期一般在年末或年初。

上司：每年都是这样吗？

下属：是的。

上司：这样啊……

【对话 2】

上司：最近忙吗？

下属：不是很忙。

上司：什么时候比较忙？

下属：年末或年初比较忙。

上司：其他还有哪段时间会比较忙？

下属：9 月也会比较忙。

上司：那是因为公司这半个财年即将结束吗？

下属：好像也不是。

上司：那是因为其他的事情多起来了吗？

画线部分就是靶向问题。

请看图 2-1。试图以对方的正确答案（靶子）为目标，抛出有明确动机的问题（球）方式就是靶向问句。"那是……吗？"这样句式中的"那"字一出口，几乎就可以确定这将是一个靶向问句。

魔法句——"感觉怎么样"

其实，对策非常简单：只需将画线部分替换为"感觉怎么样"。

上司：最近忙吗？

下属：不是很忙。

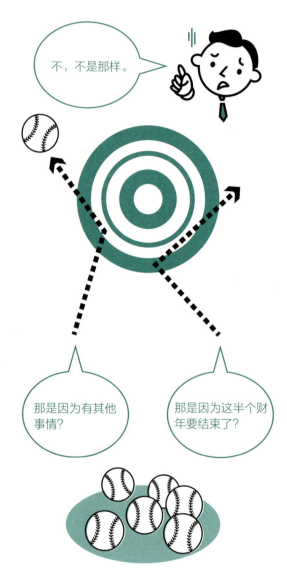

图 2-1　对话时断时续的靶向问句

上司：嗯，最近感觉怎么样？

下属：这个月主要是忙客户的事情，现在有些眉目了。

上司：客户的事情啊，能和我说说吗？感觉怎么样？

如此简单地变化一下，就能轻松地命中靶心。此类技巧，将在后文的扩展式问题部分详细讲解。

抛出靶向问题（球），掷向对方的正确答案（靶心），很难命中。

03 ▸ 沉默并不可怕，随意插话才危险

> 谈话中遭遇对方突如其来的沉默，任谁都会觉得尴尬。
> 然而，我们不能因难忍尴尬而贸然开口。
> 沉默都是有"原因"的。

下属沉默有"原因"

谈话中断时，你是不是总是主动开口讲话？

其实，忍受不了沉默，主动开口很危险。

我们不妨**把沉默看作对方在"整理应答的思路"**。特别是那些容易陷入沉默的人，不擅长思考抽象性问题，面对问题倾向于努力给出准确答案。

上司：最近状态怎么样？

下属：……（最近状态是指什么呢？项目进展？那还挺顺利的……怎么回答最好呢？先回复"还算顺利"吧……）嗯，没什么问题。

我们不妨将沉默看作以上这种情况。

当下属在整理思路时，你如果贸然插话"对了，池田，

你身体还好吗",对方会有一种被打扰的感觉。

打破沉默的 3 个步骤——避免尴尬的沉默

然而,如果一段对话中的沉默时间过多,就会给双方都带来心理负担。

这时不妨试试我总结的**"打破沉默的 3 个步骤"**。

【打破沉默的 3 个步骤】

第 1 步　在沉默中耐心等待。

第 2 步　如果对方看上去实在为难,你就需要为自己提问方式的不妥而道歉。

第 3 步　将问题具体化。

例如下面这段对话:

上司:这周怎么样?

下属:是啊……嗯……(沉默)

(第 1 步　在沉默中耐心等待)

上司:……(等待)

下属:嗯,没什么……啊,挺好的,没什么问题……

(第 2 步　为自己提问方式的不妥而致歉)

要点

上司:那就好。我问得太笼统了,不好意思。

（第 3 步 将问题具体化）

上司： 项目在按计划推进吗？

下属： 啊……是的，进展很顺利。

上司： 接下来的推进会遇到什么阻力吗？

下属： 是啊……可能性不能说完全没有……

上司： 是吗？那设想一下，你可能会遇到哪些问题呢？

不善于处理沉默场景的人，往往在第 1 步便会主动开口讲话，这是个坏习惯。

上司： 这周怎么样？

下属： ……

上司： 对了，写报告不轻松吧？

可以了，大概就是这种类型。大家不妨试一试打破沉默的 3 个步骤，即使对方是沉默寡言之人，也会很自然地把对话继续下去。

要点 如果对方容易沉默，就试试打破沉默的 3 个步骤。

"审讯综合征" 的陷阱

在电视剧中，经常能看到警察审讯嫌疑人的场景。

你和下属的对话，是不是也经常在不知不觉中变成这般

情形？

解决办法是交替使用 "问" 与 "听"。

灵活使用 "问" 与 "听"

在管理者培训课上，往往会有一些高频提问，比如 "在不知不觉中形成了逼问下属的局面，有什么解决办法吗"。

确实，做一个彻底的倾听者，对话容易转变为审问。我称之为 "**审讯综合征**"。

灵活搭配使用 "问" 与 "听"，即可解决这一困扰。

我们常常自然地使用 "听人讲话（人の話を聞く）" 这一搭配。本书为方便起见，也统一写作 "听（聞く）"。它有以下三种意思：

- 闻声：感受到自然传入耳朵的声音。
- 听心：倾听对方内心的想法。
- 问事：询问自己想知道的事。

这里"问"的意思是"问己所欲知"，"听"的意思是"听他所欲言"。这两者灵活搭配使用为佳。

而出现"审讯综合征"的人则只听自己想知道的，不听对方想说的。

成为"好相处"的人

下面我们来看几则案例。一则是只"问"不"听"的对话。

上司：你周末都干什么？

下属：踢足球。

上司：哦，在哪儿踢？

下属：在……公园。

上司：和谁一起踢？

下属：大学时结交的一群朋友。

上司：都是有踢球经验的？

下属：有经验和没经验的都有。

上司：比例呢？

下属：比例啊……有九成是有经验的。

这就是典型的"审讯综合征"。下属会感到有压力。

再来看一则"问"与"听"交替使用的案例。

上司：你周末都干什么？

下属：踢足球。

上司：是吗？在哪儿踢？

下属：在……公园。

上司：能跟我说说你都和谁一起踢吗？

下属：大学时结交的一群朋友。

上司：听起来很开心嘛。你们在一起踢球是为了消遣还是别的？

下属：其实，是为了夺取全国业余联赛冠军。我们去年得了第 3 名。

上司：厉害啊！今年你们练得怎么样？

下属：今年练得并不多。

上司：这样啊。

我们可以看出来，第二则对话中，上司不仅在问，还有画线部分"你们在一起踢球是为了消遣还是别的""今年你们练得怎么样"这类听取对方内心想法的问题，让下属自然地讲出了"己所欲言"。

我认为，"问"与"听"的搭配使用技巧是所有对话的基础，可以广泛用于与客户、上司、同事、家人和朋友的交流中。

 要点　搭配使用"问"与"听"，让对话热络且轻松。

05　为什么"最近怎么样"是差劲的开场白?

提问分为"提出容易回答的问题"和"提出不易回答的问题"。

明白这一点,就能自然流畅地推进对话,不会贸然提出不易回答的问题而导致对话中断。

为什么不能问"最近怎么样"?

通过分析我发现:和下属面谈容易陷入僵局的上司,通常从自己最想知道的事问起,而和下属谈话融洽顺畅的上司,总是从容易回答的问题开始。

你也许不信,事实上人们都有从"最近怎么样"开始进行对话的想法。我做管理工作时,也会不自觉地如此。

比如,冷不防地问"最近什么状态",这就是典型的"最近怎么样",要避免让它作为开场白。

闲谈也有流程

我通过时间序列、事(事实)与心(思想和想法)、抽象和具体三个切入点，整理了容易回答的问题和不易回答的问题。

【时间序列】

问"现在"和"过去"，是容易回答的问题；而问"未来"，则是不易回答的问题。

【事（事实）与心（思想和想法）】

事（事实）易答，心（思想和想法）难言。

这是因为事（事实）就摆在那里，而心（思想和想法）是没有标准答案的。

有一些不可取的提问，如"辛苦了。这周你有什么感觉"，就算本意是开场寒暄，被问者却会瞬间紧张起来："怎么回答才对呢……"

【抽象和具体】

从抽象的问题入手，逐渐进入具体的话题，谈话会更加自然顺畅。

我将此流程整理为图 2-2。大家按照①~⑫的顺序，就能够自然开展对话。

对话中，不知道"接下来问什么"时，请记住这个流程，便能明白接下来该提出什么问题。请大家参考使用。

问题回答难度由低到高：①～⑫

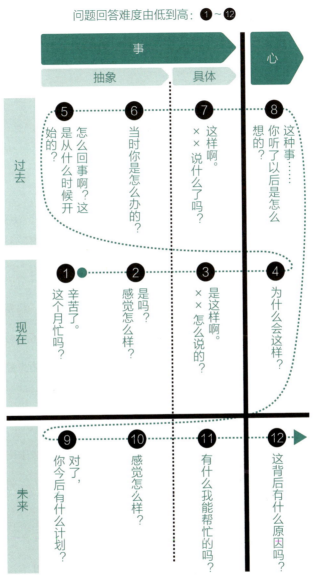

图 2-2 闲谈对话流程

06 "是吧"和"是吗"之间的微妙差异

> 正如水往低处流一样，信息也是自上而下传播的。
>
> 信息会汇集到"自感有所不知"的人那里。
>
> 差异经常会微妙地体现在话尾的语气词上。

对话如流水自上而下

在培训时，我每天观察学员的角色模拟练习，发现"善倾听者"无一例外地是"善请教者"。

请看下面的对话，你认为"善倾听者"会采用哪种说话方式？

下属：小长假期间我去涩谷购物，到处都是人，挤得要命。

上司：①是吧。

②是吗？

你觉得哪方更善于倾听？

正确答案是②。回应"是吗"会让下属更容易讲下去。

水由高往低流淌，话语信息由多向寡传递。

①回应"是吧",说明上司是知情的,双方信息等量。因此,下属不会再往下多说。

而回应"是吗",说明上司并不知情,是信息量较寡的一方。下属自然会接着讲下去,信息顺利从下属流向上司。

补上后面的对话,更容易理解,请大家自行比较。

上司:①是吧。小长假嘛。

②是吗?感觉怎么样?

如此,我们就会一目了然。大家会明白能让对话顺利进行下去的是②。

当然,不是说①就一定不对。然而,它让对方很难接话也是事实,必须谨慎使用。

对话理论

在本书主张的"请教式对话"理论中,下属的反应也大不相同。

上司:是吗?感觉怎么样?

下属:是啊。人比过去多得多,店铺外排着长队,到处水泄不通。我儿子偏又闹个没完,把我折腾得够呛。

怎么样?如此对话,可获取更多意料之外的信息。站在不知情的立场,以请教的口吻,能够让对方吐露更多信息。

古希腊哲学家苏格拉底有句名言——无知之知。在这里,我们可以理解为："相较于自以为无所不知，以不知为知的人更接近智慧。"

越优秀的上司，越会有深切感受：必须时刻告诫自己不要以为已知。

首先就是要有请教的姿态。

然后再加上后文将要介绍的——让下属告诉我们更多信息的技巧。

要点　善倾听者在附和对方时用"是吗"，不用"是吧"。

07　允许自己不理解下属

"啊？因为这个原因请假？"有时你内心也会疯狂吐槽。不理解时不强求自己理解，这也是让对话顺畅的技巧之一。

下属因甲虫请假

假设有一个蛮横任性的下属说："我看见那个人就不舒服，不想和他在一起工作。"

这种时候，就不必强求自己理解对方。

能在无法理解的情况下依然接得住对方的话，那么即使遇到让人头疼的下属，也无碍与其交流下去并了解情况。

不赞成、不反对、不发表意见，只为对方的感情做代言，这才是能接得住话的对话方式。请看下面的对话：

下属：真是的，我不想和高桥一起工作了。

上司：怎么了？

下属：我已经反复提醒他了，但他还是没在规定期限内完成，这都第二次了。

上司：第二次了啊……这确实让人<u>恼火啊</u>。

再看下面一例：

下属：我的甲虫死了。今天请允许我请一天假。

上司：甲虫啊……很少有人以这个理由请假。能跟我说说这里面的特殊缘由吗？

下属：我倾注了很多心血去养的甲虫……

上司：这样啊。你<u>肯定很伤心吧</u>……

怎么样？画线部分便是代言对方"感情"的话语。是不是给对方一种"这个上司能与我共情"的印象呢？

在这里我必须强调一下，画线部分并非上司本人的感情，而是为下属的感情做了代言（图 2-3）。

（不赞成也不反对）

图 2-3　为下属的感情代言

"就因为两次没在规定期限内完成，就不想一起工作了，你以为你是谁啊！"

"因为甲虫死了就想请假，也太没责任感了！"

即使这才是上司的心里话，上司也必须接好所有的话，让对话顺利进行下去。

因为这就是上司的职责。

坦率地讲，我也不能理解所有下属的表达，但我会努力接住下属的话，正如上面对话中的那样。

共情拉近距离，达成指导效果

当然，对下属并不是一味迁就，该指导的时候就必须说出来。

不过，比起一上来就指导对方该如何如何，远不如先拉近双方距离再正言相告有效果。

先通过共情话语"确实让人恼火啊……"拉近距离，听其充分表达，再适时提出引导性问题，使对方意识到自身的问题。比如："我忽然想起来，如果就这样排除他，那今后能和你一起工作的人就更少了。像这样的人其实并不在少数。你觉得呢？"

把自己想说的话放后面。面对下属，你必须先拉近与他们

的关系，才容易使其接受指导。因此，你要先试着为对方的
"感情"做代言。

 把自己想说的话放在后面。先拉近双方距离，下属会更乐于听从。

---

08 快速引导下属说出真心话的"三个如何"

前面讲到倾听对方的"心（思想和想法）"极其重要。这其中有一个窍门——提出扩展式问题，而多数上司并未掌握这个技巧。

限定式问题和扩展式问题的差异

对话离不开"事（事实）"和"心（思想和想法）"。

还有一个重要的技巧，那就是**只有提出"扩展式问题"，下属才有可能听取"心（思想和想法）"。**

我们要知道，提问分限定式问题、扩展式问题，或者封闭式问题、开放式问题。有些人总问不出"心（思想和想法）"，原因就在于不懂如何提出扩展式问题。

下面，我们来确认一下这两种问题的差异。

【限定式问题】

可用单词简短作答的提问（一问一答式）。

- 可用"是/不是"来回答。

- 答案唯一，或可用一个词来回答。

例如："有困扰吗？""什么时候干的？""谁干的？""业绩有起色吗？""他做过什么？"

所谓一问一答式，是问己所想问，很容易脱口而出。

【扩展式问题】

以陈述的方式讲出想法与背景。

- 以陈述的方式作答。

- 用自己的语言自由讲述想法、思想和状况。

例如：用"三个如何"提出问题

①你是如何想的？

②目前的情况如何？

③希望的结果如何？

在对话中懂得提出扩展式问题的人大概只有三成。这一部分人，更容易问出对方的真实想法。

这就是限定式问题与扩展式问题的差异。

下面通过模拟对话进一步确认。画线部分为扩展式问题。

上司：是吗？感觉怎么样？

下属：是啊。以前人可没那么多，店铺里排着长队，到处挤得要命。

上司：那是够折腾的。后来怎么样了？

下属：没办法，我儿子非闹着要吃烤肉，只好排队。

如果你提出这类扩展式问题，双方在对话中的比例将为之一变。对方的话语量能占据对话的七八成。

说到底，下属自主性差的责任在上司

接下来，我们来谈谈提出扩展式问题的功效。

提出扩展式问题，有以下两种效果：

①能知其本心

②可促其思考

特别是促其思考的效果非常明显，扩展式问题能显著提升下属的自主性。

比如"什么事情可以帮助你攻克难关""应该怎么做"，下属会通过这样的机会，进行独立思考。

利用扩展式问题创造下属自主发挥的机会，进而思考"应该怎么做"。

自主性差，多半不是下属的问题，而是上司的提问方式有问题。

导入"三个如何"

最后，我介绍一下简单实用的提出扩展式问题的方法：和缓冲语一起，在对话中导入方才介绍的"三个如何"。

下属： 是啊。店铺里排长队，到处人山人海挤不进去。

上司：（糟了，想不出该说什么，凑合着导入个问题试试吧）<u>不介意的话，能不能跟我说说当时感觉如何</u>？

这里用"能不能跟我说说为什么"等类似的语句都可以。

"不介意的话"属于缓冲语，下一节将重点介绍。

如此一来，下属会详细讲述过程，甚至扩展到更多的方面。大家不妨一试。

提出扩展式问题，下属自然会打开话匣子，并明显提升自主性。

09 烘托对话氛围的"神奇缓冲语"

> 提问固然重要，但不断地提问会给下属造成心理压力。
> 这里有一个神奇的技巧既可以避免这一点，又能引导下
> 属滔滔不绝地讲下去。

并非"问"即可

无论提问多么重要，一旦变成了"问题轰炸"，一切都将毫无意义。"什么时候""谁""为什么""情况如何""该怎么办"等一连串问题，让下属连喘息的工夫都没有了。

然而，过分客气、吝惜提问也非上策。因为，不经过提问非但得不到必要信息，更无法指导下属。

不过，没关系。**在对话中适时插入缓冲语即可解决这一问题。**

缓冲语就是插入在正式问句之前的话语。如"**不介意的话**，能不能跟我说说""**我知道的不多**，能否请教一下""能否**冒昧**问一下"等。

只有懂得运用这样的话语，才能避免给人"问题轰炸"

的感觉。这应该会让人无法拒绝。

抬高对方自尊心的"神句"

还有一些表达方式能让听的人感觉舒适。"**因为是你，我才想问的，可以吗？**"我确信，这样的缓冲语句乃是"神句"，会让对方自尊心高涨，对方可能会想"他都这么说了，那就告诉他吧"，从而更容易分享信息。

"神句"不止这一个。

"**即便如此，那为什么会这样呢？**"对固执己见的顽固对手说出这句话，可以使情况发生逆转。

下属：因为是新员工，所以没办法啊。

上司：即便如此，那为什么新员工会犯错呢？

下属：可能是客气，不好意思来商量吧……

怎么样？正因为有这句缓冲语，情况自然发生了逆转。

缓冲语中含有说话者的语温

下面通过实例来确认缓冲语的效果。下面对话中画线部分（缓冲语）的有无会造成什么样的差异？气氛是否会截然不同？

上司：你周末都干什么？（踢足球）

上司：能否问一下，你们在哪儿踢球？（附近的公园）

上司：公园啊。你都和谁踢？（大学时结交的一群朋友）

上司：<u>不介意的话，能否问一下</u>，你们踢球是为了消遣还是别的？（我们的目标是夺取全国业余联赛冠军）

上司：厉害啊！你们是认真在踢球啊。

明白了吗？其中的微妙差异就是语温。

这么一比较，不使用缓冲语，直接问"为什么""什么时候""谁"，会让对方听了很别扭，甚至感觉像在被审讯。

仅用这里介绍的几种缓冲语，就能轻松问出难问之事。当你感到"这个有点不好问啊""想不出接下来要问什么"时，请务必尝试一下使用缓冲语。

缓冲语是提出疑难问题的"神助攻"。

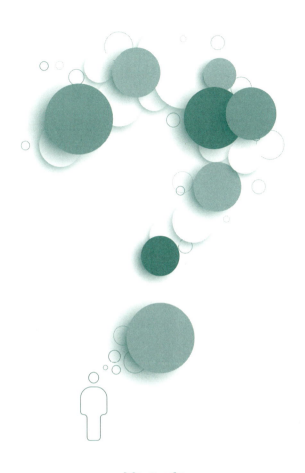

第3章

推动对话顺利进行的"魔法搭话术"

在下属忙得不可开交时，上司如何搭话才能不惹人厌？

在下属忙得不可开交时，身为上司也不好开口打扰。

此时，上司需要的不是客气，而是体贴。

有什么简单实用的传达体贴的方法？

不要客气，要体贴

自本章起，我将介绍更为具体的提问和讲话案例。

首先是开启话题的"搭话"。在下属正忙得不可开交时，上司不好意思开口打扰，结果错过沟通的最佳时机。这种经历每个人都有过，我也一样。

当你实在抹不开面子打扰忙碌的下属时，不妨这么想，**你只是在不客气地传达体贴。**

在商界，速度为王。

你还在客气地等待时，可能别人已经跟你的下属搭上了话。如果因你的一时纠结，延误了重要信息的传达，给工作造成不好的影响又当如何？在商界，你一定要铭记，**一味纠结于对方是否在忙，将一事无成。**

因此，你要用体贴代替客气，及时搭话。

下面的两种表达方式，哪种能让下属感受到被关怀呢？

【上司向工作中的下属搭话的场景】

①现在你有时间吗？

②现在打扰你一会儿可以吗？

答案是②。①听起来有些傲慢。

说得稍微礼貌些便可以了，这或许出乎你的意料。是的，这就足够了，这就是体贴的搭话方式。

如果想要表达更加关怀体贴，只需在前面添加更为礼貌的缓冲语，如**"不好意思，在你正忙的时候打扰你""不好意思，突然打扰你"**。

这些缓冲语可以应用于很多对象。总之，体贴对方的忙碌准没错。

"因为效应"的巨大威力

有一种心理效应叫**"因为效应"**，因心理学家埃伦·兰格（Ellen Langer）大力提倡而著名。拜托别人帮些小忙时，给出某种理由，成功率会高很多，这就是"因为效应"。

实验具体调查了采用以下三种类型拜托方式的成功率。

①我有份5页的资料要打印，能让我先打印吗？

②我有份5页的资料要打印，能让我先打印吗？因为我

急用。

③我有份 5 页的资料要打印，能让我先打印吗？因为我不打印不行。

结果，①的成功率是 60%，②是 94%，③是 93%。值得关注的是，③的成功率竟如此之高。

仔细看，③给出的理由非常牵强，几乎不能称为理由。由此可知，只要给出某种理由，成功率就会大幅提升。

当你拜托别人做某事时，不妨给出某种理由作为缓冲语。

"我有急事""我觉得你知道得比较详细""我想着必须和你商量"等，什么理由都可以。

这些都是能让对方爽快答应的体贴话语。

要点　灵活运用带理由的缓冲语，向忙碌中的下属搭话。

"设问法"对不讲真实想法的下属行之有效

> 职场中往往存在不肯敞开心扉的下属。
>
> 这时，我们无须强行闯入下属的内心，只需调整"程序"。

魔法语句"假设……"

"心扉紧闭型的下属"比比皆是。

我也遇到过这样的下属。可能是不想让人看到自己的脆弱，他对我说："我是不会和您说的。"我听了不由得担心自己做过什么得罪了他的事。

不过，这时不宜强行请对方打开心扉。

反倒是"转变提问方式"不失为上策。在这里，我给大家介绍一句我珍藏已久的话：

"如果有，能不能跟我说说？"

用这句话向下属提问，是打开下属紧闭心扉的钥匙。

请看下面的例子：

上司： 我想拜托你本周内把这份报告写出来，可以吗？

下属： ……好的，我会做的……

（上司：好像不大情愿……再确认一下）

上司：你最近好像挺忙的，没问题吗？

下属：……啊，是……

　　　（上司：果然，还是有想法。好，那就用设问法来问吧）

上司：那我就放心了。对了，如果有问题，请务必告诉我，好吗？

下属：好的。

　　　（上司：好，钥匙入锁眼了……）

要点

上司：假设有的话，会是什么问题呢？

下属：……是啊……会是什么呢……

　　　（上司：锁得很紧啊……我再稍微转转钥匙）

上司：假设有的话呢？什么都可以……

下属：说了也没用，这个报告真的有必要写吗？

　　　（上司：好，锁开了！再开大些吧）

上司：为什么这么说呢？

下属：不瞒您说，我觉得没有这份报告也不会产生任何影响。

怎么样？感受到"假设……"的威力了吧。

插入这句话作为缓冲语，能轻松问出"不屑一提"的事情，请你务必对心扉紧锁的下属一试。

活用"单纯接触效应"

一次不顺无须着急，多试几次，总会成功。

因为单纯接触效应（反复对话增加亲近感的效应）将发挥作用。

利用"假设……"来提问，瞄准对方尚未说出口的心声，锲而不舍地问下去，就会产生信任关系。

我的那名不想示弱的下属，半年后也向我打开了心扉。后来我们更是关系好到无话不谈。

如果对方不说真心话，那不是对方的问题，而是程序有问题。

认定"这人就这样"，回避对话，毫无益处。要铭记，刨根问底能够建立信任关系。

 要点 反复使用打开心扉的魔法语句"假设……"。

03 巧用"助攻提问"，轻松开启私人话题

> 要创建强大的团队，了解下属的个人情况不可或缺。
> 不过，贸然提问很难得到对方的回应。

别突然射门

第 1 章讲到不避谈私人话题，才能创建强大团队。

然而，贸然开启私人话题也非易事。冷不防一句"辛苦了。对了，能和我说说你的兴趣爱好是什么吗"，下属听了只会感到尴尬。

要记住，让对话进入私人话题是有步骤的。

首先，从假期或休息日切入，顺势提问。我称之为**"助攻提问"**。如：

【关于假期的话题】

上司：辛苦了。上周忙吗?

下属：是啊。渐渐忙起来了。

上司：谢谢!辛苦了。对了，这次暑期休假你有什么打算?

下属：准备回趟老家，好久没回去了。

上司：你老家是哪里的？

下属：北九州福冈。

上司：北九州啊，是个好地方。

下属：是啊。每年家里人都盼着我回老家。

上司：坐新干线回去吗？

下属：不，开车。我和老婆轮流开车，慢悠悠地旅行，不着急……

【关于休息日（周末）的话题】

上司：最近，暖和多了啊。

下属：是啊，确实。

上司：周末你都做什么？

下属：我迷上了露营。

上司：听起来很有意思啊。你经常去吗？

下属：是的。隔一周去一次。

上司：这么频繁！玩得很开心嘛。

下属：您也露营吗？

怎么样？**经由假期或休息日（周末）的话题，自然过渡到"工作之外的对话"。**

敏感捕捉下属"生活上的变化"

"假期和休息日"之后，别忘记进入私人话题。

　　确认公司的变动"是否影响到了下属的生活",是上司的职责。下面介绍我担任管理职务时和下属的一段对话。

　　上司:这次<u>奖金只有这么多,家里人说什么了没有</u>?

　　下属:说实话,我在缩减支出。

　　上司:这样啊……家里人有什么担心吗?

　　下属:有啊。孩子在学书法,说是优先保障孩子继续书法课程。

　　上司:是吗……没问题吧?

　　下属:没那么简单吧。

　　怎么样?**在下属看来,感受到了"被关心",对上司来说,也是一次风险管理。**请你务必关注下属"生活上的变化",尽可能多地关心。

要点　　有顺序地进入私人话题。

04 提出总结性问题——对喋喋不休的下属有奇效

> "只能耐着性子听下属一直说"，这个姿态倒是挺高，但是你的不耐烦已经暴露无遗。
>
> 停止忍耐，插入总结性问题吧。

你的不耐烦，即使不说也会被传达出来

听下属喋喋不休时，你内心是不是会嘀咕："他说话真是太啰唆了，直截了当点吧……"

这个时候，提问就又成了关键。有些人辛苦地忍耐着不催促，不说出"到底是怎么回事"这样的话。然而，情绪的隐藏是有限的。你"游移的视线""抖动的腿""活动的手指"等都会将你的不耐烦传达给下属。

如果你传达出不耐烦，就将造成一次管理上的风险。因为今后你将很难收到来自下属的汇报。

我给大家介绍一种无须忍耐的方法。**请你尝试一下提出**总结性问题（summarize question）。

下面我介绍一个常用的实例。

"……也就是说……"

下属：我很迷茫现在是不是该辞职。我已经是老员工了，年轻员工越来越多。我想多花一点时间学习，正好也有这么个机会。现在或许就是最佳时机，但是考虑到现在的业务，我又不知道怎么选才是对的……

（上司：好难理解啊……看来要长篇大论了。试下那句话吧）

上司：也就是说，你在迷茫要不要辞职？

下属：嗯……很迷茫……

上司：这样啊……能跟我说说背后的原因吗？

如此将对方的话总结一下插入问题中，对方不会有被打断的感觉。

巧妙的"插话术"

在对方讲话中间停顿的那一瞬间，就是插入总结性问题的最佳时机。

下属：又……也……啊。

（讲话中间停顿的瞬间）

要点

上司：……也就是说……

下属：嗯，是的。

这一操作，你不觉得很巧妙吗？

在我出任管理岗位的每个职场，都遇到过讲话啰唆的下属。

当时，我还不知道这个方法，当要超出预定时间时，我便听得很不耐烦，最后甚至强行结束对话。

现在想来，如果当时知道如何提出总结问题就好了。

总结问题是忙碌的上司的必备技能之一。请务必一试。

 对于喋喋不休的下属，你无须忍耐，只需适时为其"总结"。

05　卓越上司的必杀技——整理"问题树"

> 下属说不清自己想说的事情时，你能魔法般地解决其
> 烦恼。
> 这才是上司的终极姿态。

下属想到什么说什么

本章最后要介绍的是"边整理下属讲话边提问的技巧"。

灵活运用这种方法，是所谓的"卓越的上司"的应有
姿态。

需要用到的工具就是"问题树"。这是一种边以树形结构
整理讲话内容边提问的问话术，所以我以此命名。

"问题树"看似复杂，但使用起来绝对不难。

接下来，就以对话为例进行说明。

下属：我很迷茫现在是不是该辞职。我已经是老员工了，
年轻员工越来越多。我想多一点时间学习，正好也有这么个机
会。现在或许就是最佳时机，但是考虑到现在的业务，我又不
知道怎么选是对的……

总之，就是不好理解。明白对方是在迷茫要不要辞职，但是辞职理由相当令人费解。这时就要列出论据，从头开始整理（图 3-1）。

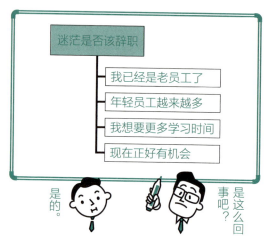

图 3-1　第一步：开头

准备一块白板或一张白纸，像图 3-1 一样，将理由整理为"问题树"。

下一步，排出优先顺序，凝聚论据（图 3-2）。如：

上司：理由似乎不少，但最根本的原因是什么呢？

下属：现在年轻员工越来越多，像我这样的老员工似乎没什么用了。

上司：你是觉得老员工的角色被年轻员工取代了吗？

下属：是的。

图 3-2　第二步：凝聚论据

这样一来，真正的原因便浮出了水面。核心便是"老员工的角色被年轻员工取代了"。详细整理"问题树"后，我们会发现"他最担心的原来是这个"。

发现老员工出乎意料的真实想法

找出核心理由后，就要愿闻其详。即使有话想说也要忍住，做一个倾听者。

上司：能告诉我你是怎么考虑的吗？

下属：我感觉现在老员工只能做配角，不再被重视了。

　　　（上司：不是，这纯属误会……不过，我还是先做一个倾听者吧。问问他还有没有其他想法）

上司：还有吗？

下属：工资一直也不涨。

（上司：嗯？这不对……工资应该是在涨的。不过，还是问问吧）

上司：这从何说起？

下属：如果只是辅助的角色，后面的薪资可想而知，所以……

上司：这样啊……还有吗？

下属：不，其他没有了。

上司：能跟我说说吗？如果排个优先顺序，你最担心的是哪项？

下属：其他的姑且不论，我担心今后再也不会涨工资了。

到这里，核心问题便出现了。我们将这一关键点整理到"问题树"上（图3-3）。

随后便可以逐一分析，解决问题。

这是我担任管理岗位时亲历的真实案例（各种类型的下属都有）。对方是一位优秀的老员工，也颇受器重，我着实没想到他竟然有这种想法。

如果你不仔细问清楚，一味说"公司很看好你，公司对你寄予了厚望"，可能会招来反感。

整理这样的"问题树"，能帮下属厘清思路，下属对你的

图 3-3 第三步：进一步确认

信任感也会进一步提升。

 要点 将下属的讲话内容整理为"问题树"，渐进提问，

做卓越上司。

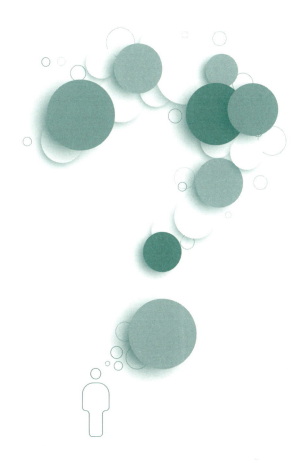

第 4 章

活用提问，激励"躺平"的
下属

推翻"做不到就是做不到"的想法

安排工作，下属总说"做不到"。

你往往为此着急上火，其实这是一次绝佳的机会。

来推翻下属的思维模式吧。

机会恰恰降临在对方说"做不到"时

有些下属，无论面临什么工作，都不尝试就直接拒绝说"做不到"。

你心里肯定会想"这是工作，不要找借口"。

不过，你不妨把这看作一次机会。因为对方说"做不到"时，就是一次改变其思维模式的绝佳机会。

首先，请允许我说说什么是思维模式。

所谓思维模式就是对待事物的态度，分两种：**固化型思维模式**（fixed mind set）和**成长型思维模式**（growth mind set）。

持有固化型思维模式的人认为人的能力是不会变的。很明显，那些遇事容易打退堂鼓的下属，就持有这种思维模式。

持有成长型思维模式的人认为人的能力是变化的。持有成长型思维模式的人认为，根据目的灵活调整自己的想法和技能，一些小问题便可以迎刃而解。

你所持有的是哪种思维模式？

假如你认为自己持有的是成长型思维模式，反倒更应该多加注意。试想一下，如果上司对你说："明天你能不能提出一个创造 100 亿日元销售额的方案？"你该如何回答？

你会不会心生怯意回答"这个确实做不到⋯⋯"

如果你这样回答，上司会认为你是持有固化型思维模式的人。也就是说，思维模式印象会因评价者不同而不同。

不过，这并非能力问题，而是敢不敢想的问题。这个销售额在上司眼中可能并不高，而你作为下属说"做不到"也并非借口，只是不敢想象。那么，应对方法便显而易见了。

"有人能办到"——封死借口

应对方法依然是"倾听"。在这里先介绍下启发式问题，即**"具备什么条件才能办到"**之类的可以引发对方想象的问题。如：

下属：考虑到现在的市场行情，我很难达成这个业绩目标。

上司：⋯⋯市场行情确实如此啊。在这种情况下，仍然有

人能完成目标，思考一下，<u>具备什么条件才能在这样的市场中完成目标？</u>

这是一个将下属导向成长型思维模式的问题。对方或许会想"做不到就是做不到"。为了杜绝这一点，就要在对话之初加上一句画线部分的"有人能完成目标"，**先让借口从对话中消失。这也是技巧之一。**

所以当下属说"做不到""我很忙"的时候，反而是上司激励他的绝佳时机。请你务必尝试将其导向成长型思维模式的问题。

机会恰恰在对方说"做不到"时。

适时提出"具备什么条件才能……"的问题。

---

02 如此反问只会向你索要答案的下属

> 有些下属只会等待指令，逢事只会问："怎么办才好？"
>
> 如果你认为这是对你这个上司的信任，那你就大错特错了。
>
> 其实，你只是被利用了。

上司是"百发百中的扭蛋机"？

你身边有凡事都来请求指导的下属吗？

你会逐一答复他吗？

切不可自我陶醉，认为"这是下属对我的信任"。说白了，对下属来说，你只是个投入问题便能吐出答案的**"百发百中的扭蛋机"**。下属照着答案做事即可，便捷又不担责，所以才会什么事都来问你。

如此下去，下属永远都无法独当一面。必须找个合适的机会撤去这个"百发百中的扭蛋机"。

这里有个常用的提问，可供参考使用：**"假设如此，怎么办才好？"**利用这个问题营造一起思考的氛围。下面来看一则职场案例。

下属：很多人不按时提交材料，这怎么办啊？

（上司：先问问情况）

上司：倒不是没办法解决，只是我不了解具体情况，不能判断怎么做才是最佳方案。能不能跟我说说具体情况？

下属：我邮件通知了最终截止日期，但还是有 20% 的人提交晚了。

（上司：大概都没意识到重要性，先确认一下）

上司：是吗……都邮件通知了怎么还有这么多人不按时提交呢？

下属：可能是没注意，或者是不重视……

上司：应该两者都有。假设如此，怎么办才好？

下属：是啊……那试试结合口头传达吧。

怎么样？保持基本态度：**答案我有，但我不知正确与否，所以你来跟我说说具体情况**。这么提问的话，下属没有被测试感，便会非常自然地回答你提出的问题。

上司今后要容忍有人答不上来

上一个方法虽有效，但是对于有些下属要谨慎使用。

首先，不能用于"知识欠缺"的下属。如果没有相关业务知识，就算想破头也不会得出答案。

然而，真正要注意的是另外一种下属——不擅长思考的下属。

你听说过人们热议的"临界智商"吗？指的是智商在 70~84 分的人。这些人日常生活无碍，交流也没问题，却做不好常人认为很简单的一些事，或者思考问题时有障碍。

大约每 7 个人中就有 1 个这样的"临界智商"者。

在职场中，有没有被问及"怎么办才好"时给不出答案的人，有时还会一直沉默的人？或许那人就是"临界智商"者。每个人的能力会有较大差异，如果我们不注意，恐怕会给人带来一些心理压力。

当然，问还是要问的。只是，即使对方答不上来，也不要负面解读。

相同的问题问不同的人，未必能收到相同的回答。这个道理也适用于其他问题。今后的上司，需要学会接受这种多样性。

"或许他只是不擅长思考"，上司的这种想法，是创造轻松工作氛围的必要条件。

 要点

"怎么办才好？"——向"只会索要答案的下属"发问。

说服持不同意见的下属

"我不认同""我反对"，遇到这种强烈抗拒的下属，上司可能会有抵触情绪。

但是，这种情况下管理者更不能着急，因为欲速则不达。

先从"解冻"开始吧。

冒进变革组织，招来强烈反弹

想要在组织中发起较大变革，必然会有人抗拒，明确表示"我不认同""我反对"。

这一部分的主题是，如何通过提问应对持反对意见的人。

在讲具体方法前，先来说说我的失败经历。当时，我是销售部门的负责人，想通过调整业绩目标（评价指标），在短期内迅速增加销售额。我把这个想法告知下属后，他们的反应是"这太激进了吧"。

虽然遭遇了类似的抵抗，但我最终还是基本获得了大家的同意。

我个人很有信心，单方面认为：以我们现在的实力，调高指标毫无问题。要整合部门的力量，调整评价指标就是首要问题。这次调整或许有些激进，基层员工可能会产生心理负担，但过段时间这些负担应该就会消失。

和我的预期一样，销售额一时大振。当我认为此举大为正确时，却发现了一个问题：部门的职场氛围明显变得沉重了。

经过调查发现，虽然管理者的亢奋度很高，但普通员工的情绪却与此形成鲜明对照，显得十分低落。

业绩在逐渐提升，目标在逐渐达成，积极性怎么不升反降呢，我百思不得其解。于是，我尝试了解下属的真实想法，得到了以下反馈。

"为了完成调整后的目标，我不得不向客户提供以销售额为导向的方案。而这之前，我还能在销售工作中感受到乐趣……"

这种进退两难的困境，我是有一定的心理准备的。然而，实际情形比我预想的要困难得多。我意识到自己想得太简单了。

"解冻"

当你要发起一场变革，可以参考组织心理学家库尔特·勒温（Kurt Lewin）提出的"组织变革的三阶段"理论。

【勒温的组织变革的三阶段理论】

阶段一：解冻——通过对话"溶解"人们既有的价值观和常识。要注意，传达传统方法在这里行不通。

阶段二：变革——发起行动，确认"变化"。

阶段三：再冻结——形成习惯，将其作为"新常识"固定下来。

套入我的失败经历，很明显，我在阶段一就栽了跟头。问题就在于我越过了"解冻"阶段，直接跳到了"变革"阶段。

这一理论是针对整个组织而言，也包括个人在内。**发起变革时，在"解冻"阶段，上司与下属进行对话尤为重要。**

那么，我们该如何通过对话去溶解已固化的价值观和常识呢？具体可以分为以下五步：

【1】询问面对现状的问题意识

"关于……，你怎么看？你感觉有什么问题吗？能说说吗？"

※ 先询问对方意见，表示你对对方的尊重。

【2】传达危机意识

"我考虑着必须……这也是……"

※ 共享危机意识非常重要。用数据和工作实例说话。

【3】传达期待

"所以希望你能……现在得拜托你了。"

※ 用满含期待的话语，传达将要发起的行动。

【4】询问意见

"对此，你怎么看？"

※ 通过提出扩展式问题，全面获取对方的想法。

【5】听取意见后，通过提问促其转变视角

"是吗，也就是说，你也同样有危机意识，只是不认同这种变革方法。我考虑到，现在不干就晚了，所以想选择一种切实而快速见效的方法，你认为有哪些方法可选？"

首先提出**"你怎么看"**的问题征询对方意见。在表达出你自己的想法后，再次问"你怎么看"。递进的**二段话语结构，可以溶解对方内心的坚冰。**

最后一点也非常重要，因为下属通常只看眼前，而上司看的是中长期的发展。面对追求当下确定性的下属，要促其转变视角。

利用画线部分的"切实""快速"，以及"不费事""无风险"等字眼，为下属提供新的视角。

性子较急的领导者请务必尝试一下使用这个技巧。太过急于求成，没有顾及下属的情绪，最终反倒会绕了弯路，这种事屡见不鲜。

以上是以组织变革为例，其实这种技巧还有更广泛的应用，比如面对一名拒绝被委以重任的下属。

请你务必耐下性子试一试。

 当遇到下属抵抗时，需先完成"解冻"，再通过提问促其转变视角。

04 通过对话解决"中年怠工"问题

近年来，日本职场人士都在热议"中年怠工"问题。
其实，也有调查结果显示工作热情与年龄同步增长。
究竟哪个才是真相？

中年下属的干劲更足吗？

我们来看一个有趣的调查结果。瑞可利管理咨询公司发布的《22~59岁本科学历员工工作成长意识调查报告（2010年）》显示，**越年长的员工，其工作热情越高。**

【工作热情】

"工作热情非常高和比较高"合计（正式员工）

- 22~29岁：62%
- 30~39岁：68%
- 40~49岁：74%
- 50~59岁：80%

另一方面，人们对于所谓"中年怠工"问题的讨论仍热度不减。

识学公司是一家从事组织管理咨询的专业机构，曾对日本全国各地的 3000 名 20~39 岁的公司职员进行了一项调查，其中有 49.2% 的人认为"公司存在消极怠工的中年人"。

或许你们公司也有这样的中年下属。他们抗拒新事物，稍麻烦点的工作会干脆拒绝。

有热情却没干劲？

究竟哪个才是真相？

振臂欢呼胜利的瞬间

思考这一问题，应该从寻找中年员工抗拒新事物的原因入手。

为了不给自己过多增加新的压力，人类大脑中有一套"利用经验规律"的机制在运作。

我们不妨将其看作智能手机的缓存功能。登录过的网页数据被暂时保存，再次登录时不必重新读取，网页响应速度会大幅提升。

这便是中年员工抗拒新事物的原因。**换言之，他们拥有经验资产。**

是的，如果想让内心热情未减的中年员工活力十足地投入工作，在管理上应该将他们的经验作为资产，加以有效利用。

为此，请你务必提出启发式问题：**"此前做过的所有工作中，最让你有充实感的是哪一项？"** 这是要唤起他们记忆中振臂欢呼胜利的那个瞬间，每个人都应该有这样的瞬间。

根据英国心理学家亚历克斯·林雷（Alex Linley）的理论，人的优势就是"做事的才干 + 行事的活力 + 成事的技能"。当上司尝试发现下属的优势时，这种启发式问题可以激发出对方的潜在优势。

然后通过进一步询问其在项目中"担任了什么角色""采取了什么行动""因何获得了充实感"，获知其不为人知的一面。

上司可以从下属的回答中发现其优势，思考如何利用这一优势。"指导""辅助""出谋划策""收集信息""带领团队"，每个人应该都有适合自己的角色。

代际传承性是钥匙

接下来，我们要考虑的就是如何利用他们的经验和优势，共同在职场创造新的振臂欢呼胜利的瞬间。

这里有个关键词需要大家记住：代际传承性（Generativity）。

精神分析学家爱利克·埃里克森（Erik Erikson）指出，人具有"积极为下一代创造价值"的品质，也就是代际传承性。
根据这一概念，18~40 岁和 40~65 岁这两个年龄段的人的舞台
不同。

【18~40 岁】

恋爱，成家，育儿，在职场担任新的角色，接触很多人，
想要成为有影响力的存在。因此，不擅长处理人际关系的人容
易出现人生停滞感。

【40~65 岁】

在家庭中养育孩子，在职场培养后辈，渴望释放自己的
能量。留下自己的足迹是动物的本能，因此，**如果你感觉自己
的能量无法往下传递，就容易出现人生停滞感**。

简言之，"中年怠工"问题，因没有其可发挥能力的舞台
而起。

我的经历中有很多这样的案例：让中年的下属培养新员
工，担任年轻员工的导师（顾问），担当专业性强的岗位（技
术传承），做领导者的参谋。通过赋予其各种角色和任务，成
功激发出中年下属的工作热情和干劲。

"我想……年轻员工。你能不能助我一臂之力？"

"对于现在的状况，你有什么看法？"

这样一起思考行动，去为下一代做些什么，可以激发中
年员工的工作热情。

　　我任管理职务时，一位老员工说："我想告诉年轻员工要特别重视数据。"至今我依然记得他在学习会上意气风发地强调此事的场景。

　　请大家务必通过关于"代际传承性"的提问，解决"中年怠工"问题。

 要点　要解决"中年怠工"问题，必须通过提问来了解他们的"振臂欢呼的瞬间"。

强效提问改造爱找外因的下属

很多上司在面对那些喜欢将"产品不好""行情不好"挂在嘴边的下属时，会显得束手无策。

这里有一些强效提问方法，可以让这类爱找外因的下属不得不发挥出主观能动性。

爱找外因与善找外因

爱找外因的人，往往喜欢抱怨别人，抱怨环境。

其实，找外因也有好坏之分。好的找外因是"善找外因"。

"没有商业价值，所以卖不动。"

"我们是夕阳产业①，所以大家积极性不高。"

"最近的下属都没什么自主性。"

这些都是爱找外因的典型例子。

---

① 夕阳产业是指那些缺乏技术创新、竞争力减弱、市场规模在逐步萎缩的产业。——译者注

爱找外因和善找外因，区别在于是否有"解决问题的意向"。

爱找外因的人，往往推责于外因而不作为。如：

"没有商业价值，所以卖不动。"

"……所以做什么都是徒劳。"

而善找外因的人，往往以解决问题为目的。如：

"没有商业价值，所以卖不动。"

"这样的话，我们必须想办法提高产品的商业价值。"

"我们是夕阳产业，所以大家积极性不高。"

↓

"正因为如此，我们才更要思考下一步该怎么办。"

"最近的下属都没什么自主性。"

↓

"正因为下属没有自主性，我们才必须想方设法让他们能够充分发挥自己的能力。"

所以，必须将爱找外因的下属，改造成善找外因的人。

促使下属将抱怨化作行动的强效提问

请你务必尝试下面的强效提问。

"这样的话，怎么办才好呢？"

这是一句非常有力量的提问，可以让下属无法继续躲闪。请看下面的例子。

下属： 没有商业价值，所以卖不动啊。

上司： 商业价值啊……这样的话，怎么办才能卖出去呢？

下属： 嗯……不提高商业价值都是白搭。

上司： 那咱们来一起想想办法。即使在目前状态下，应该也有办法卖得出去。

比如，同样的产品，高桥卖得就不错。应该能从他那里得到一些启示。当然，不一定非要跟他使用同样的方法。假如没有商业价值，你能够想到什么办法改善呢？

下属： 只能多下点功夫，多动动脑筋了……

怎么样？如此你就成功得到了爱找外因的下属"多下点功夫，多动动脑筋"的承诺。

如上例所示，多问几遍"这样的话，怎么办才好呢"，效果显著。

如果这样还遭抵抗的话，就举个别人的成功例子，能有奇效。如画线部分的"同样的产品，高桥卖得就不错"。

这种提问方式效果显著，同时这也是难为下属的严厉提问。然而，这可以促进下属成长，还请你狠下心来果断使用。

因为问题比较尖锐，所以我们必须注意要和颜悦色地说。

这样做可以创造一种畅所欲言的氛围，引导下属表达他们的观点。

 对于爱找外因的下属，多用强效提问"这样的话，怎么办才好呢"。不过，你要始终保持和颜悦色。

06 下属说"没什么想干的事"

> 你想激发对方的干劲，对方却说"没什么想干的事"。
>
> 其实，这类下属占绝大多数。
>
> 有一种提问可以引导此类下属找到想做之事。

"不知道自己想干什么"是普遍现象

现实职场中"不知道自己想干什么"的下属占多数，如果能通过提问引导下属找出想干的事，这当然最好。

在我主讲的培训课上，也是不知道自己想干什么的学员占多数。

以多年为各大公司做职业培训的经验，我确信，那些职业意识重新觉醒后的人，更有可能在职场大放异彩。

其实，上司可以通过改变指导方式，创造下属职业意识觉醒的契机，促其自行发现想做的事。有时，在此契机下，下属的表现会发生令人惊异的变化。

这里介绍几个问题，可以向"不知道想干什么"的下属提出。这些提问是我在培训课上必讲的技巧和方法，甚至可以保证下属"100% 找到想干的事"。

引导下属找到"契合自身的愿望"

具体分以下 3 个步骤进行提问：

第 1 步，问对方："你有没有想做的事或想成为的人？"

单单这么一句话或许不够形象，可以进一步具体提问。如：

"你有没有想要过的生活？"

"你有没有想要担任的角色？"

不过，可能多数人刚开始会回答"不知道"。这样的话，我们就直接进行下一步。

第 2 步，问对方："在目前的工作中，你有没有想挑战的事情？"

这一步也要添加具体的例子，如：

"你有没有特别向往的工作或者想要达到的某种状态？"

以我的经验，70%~80% 的人会在这一步发现自己想做的事。

如果对方还说"不知道"，我们就进行下一步。

第 3 步，问对方："你认为工作对自己来说，最重要的方面是什么？"

这一问题是要问对方在工作中注重哪些方面。如：

"在职业成长、创造价值和收入满意度方面等，你想到的重要的事情，能不能跟我说几个？"

这样的事情，每个人都能举出来吧。不过，这还没完，还要请对方从举出来的事例中，选出最重要的，并给出理由。而它就是下属"想做的事情"和"想要的姿态"。

讲个我经历的真实案例。一名 57 岁的女下属，最开始斩钉截铁地对我说："我没什么想干的事情，工作只是为了拿工资。"

下属：重要的事，怎么想都只有收入。

上司：为什么是收入呢？

下属：因为想挣够钱，退休后可以和家人一起去旅游。

听她说完缘由，也就找到了为其量身打造的职场理想。接下来这么说即可。

"你要不要挑战一下新任务？可能会比现在辛苦得多，但是有可能大幅提高薪酬，而且我也会全力支持你做出成果。"

如果下属能因你找到自己努力的方向，没有比这更美妙的事了。

要点　三步提问法，引导下属发现自己此前尚未意识到的"想做的事情"。

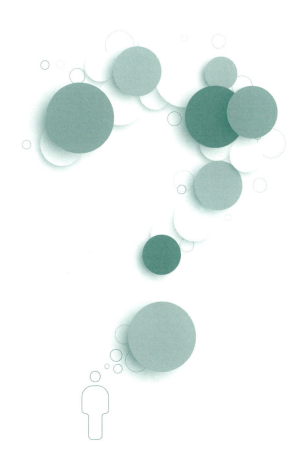

第 5 章

对"不得要领"的下属的
有效提问

给总是手忙脚乱的下属的几句话

> 心亡即为"忙"。有几句话，作为上司，最好告诉总是手忙脚乱的下属。

以"时间留出余量了吗"开启话题，有效！

你有没有整日忙忙碌碌，总是在赶时间、赶节点的下属？可能他本人想的是"来得及就行"，可旁人看了都替他着急，作为上司更不能置之不理。

请你务必问他们一个问题："时间留出余量了吗？"

比如，截止日期是 10 号，而我会把它设定为 9 号，这样就能留出 1 天的"余量"。

有人可能认为"虽然紧张了些，但赶得上就行啊"。但是，如果提交的材料有错误呢？电车如果晚点呢？为应对预料外的风险，我们作为社会的一分子有责任做好准备。

可以把不留时间余量的人比作没有游隙的方向盘。当路面稍有颠簸时，他们就有可能失去控制，从而引发交通事故。跟汽车方向盘一样，工作也需要合理的时间余量，才能一直顺利进行。

重要的是"让本人亲口宣布"

只询问"时间留得宽裕吗"也可以，不过，更有效的做法是**"让本人亲口宣布"**。

我曾经有个下属，终日一副熬灯费油、手忙脚乱的样子。

一次，我与这名下属一起拜访她负责的客户。结果我在客户公司大厅左等右等也不见她的身影，电话也打不通。眼看要到约定时间了，才见她从远处跑来。

"不好意思，让您久等了。"

也许她本人认为自己没有迟到。然而，她这样的表现并不能令我满意。

于是，**回公司后，我在会议室同她认真谈了次话。**

上司（我）： 你出发时留出时间余量了吗?

下属： 是的。我的计划是有余量的，只是等车耽误了些时间……

上司： 预留时间，将等车时间计算在内了吗?

下属： 没有……

上司： 今后，怎么办?

下属： 嗯……

上司： 说实话，我很着急。以后我不希望再出现这种情况了。

　　下属：对不起……

　　上司：重要的是，以后要怎么做？

　　下属：嗯……多给时间留些余量，把可能遇到的情况都考虑在内。

　　上司：说具体点呢？

　　下属：等待……交付节点……到公司……准备……

　　上司：那就这么约定了？

　　下属：好的。

　　上司：可以相信你吗？

　　下属：是的。

　　上司：好，我相信你。

　　看了以上对话，你可能会想："要这么严厉地逼问吗？"。然而，**如果你做不到这种程度的逼问，是无法胜任上司这一角色的。**

　　自那以后，她在职场工作中，开始为时间留出足够的余量。

要点　　问手忙脚乱的下属一句话："时间留出余量了吗？"

02 ▸ 下属加班会增加成本

> 以前加班被当作一种美德，而现在对企业来说，加班可能会增加风险。
>
> 请将这句话告诉不肯放弃加班的下属。

加班人群的致命性问题

现在的我可以断言："加班对企业来说，是成本，是风险。"然而，从前的我经常加班。

虽然也想早点回家，但当时的我**内心将加班正当化了**，"有工作要做，加班也是没办法的事"。

其中有个大大的错误。将加班正当化后，我便会疏于时间管理，增加健康风险。如果作为领导者的我倒下了，只能找人帮我处理工作。

即便如此，我也不肯放弃加班，这就是当时的我。

如果你有下属像以前的我一样，以加班为前提去完成工作，你是否想让他立刻停止加班？如果是，请尝试以下提问："**你完成工作需要以加班为前提吗？**"

上司：最近，你完成工作都需要以加班为前提吗？

下属：有工作没做完，没办法……

上司：这就需要以加班为前提吗？

下属：啊，是……

接下来，无论对方说什么，你都要问："你不提前定下结束工作的时间吗？"

加班是件麻烦事，你可以找很多借口，理由也可以说得冠冕堂皇。一开始不定下"结束工作的时间"，对话将无法向前推进。

"能早点回家就好了"——有了这种想法，就不可能早回家

知道西里尔·诺斯古德·帕金森 (Cyril Northcote Parkinson) 的"帕金森定律"吗？即工作量会不断膨胀，直至用完所有给定时间。根据这一定律，只要没有早回家的必要，加班将常态化，这是自然铁律。

所以，一开始便定下"结束工作的时间"，再来考虑对策，才是上策。

建议对方，定下"结束工作的时间"后，马上将其写在工作簿（日程表）上。

哥伦比亚大学动机科学中心的社会心理学家海蒂·格兰

特·霍尔沃森 (Heidi Grant Halvorson) 说过，"**制订具体计划，执行力可提升 2 倍**"。

没理由拒绝这个方法吧？我自己也切实感受到了它的实际效果。是上司告诉我之后，我才开始在工作簿上写下"结束工作的时间"。

这样，我还不能完全放心。戒掉加班的习惯，没这么简单。所以，我还要继续问：

"如果眼看着还是需要加班，怎么办呢？"

到这一步，我们才有可能戒掉根深蒂固的加班习惯。

这是我作为一个曾经的加班上瘾者的真实感受。

要点

上司通过提出"你完成工作需要以加班为前提吗"的问题来点醒下属不要加班。

业绩不达标者的致命问题

有能力，也肯努力，业绩却不稳定。

或许这种人欠缺的是"风险管理"。

如何通过提问点醒他？

业绩经常波动的下属的共同之处

拼命努力，擅长沟通，业绩却不稳定。

你身边有没有这种工作努力却时有业绩不达标的下属？而促其改变只需提出一个问题。你只需在他规划未来的时候问他："万一进展不顺呢？"

他听后，可能会眼神闪烁。

而业绩波动者与业绩稳定者的反应是不同的。

也就是说，工作努力却业绩波动的人，往往不懂得风险管理。

下面是一个真实案例，介绍一位业绩稳定者是如何做好"风险管理"的。

我在瑞可利管理咨询公司任职时，手下有一员干将，在

10年间从没出现过业绩不达标的情况。

虽然公司的销售人员多达数千人，可谓强者如云，但如他一般连续10年业绩达标，依然是少见的。

就算在职场极具实力，一旦遭遇"行业冲击"之类突变也会无计可施。商业世界瞬息万变，总要面对一些突发事件，如"雷曼冲击""半导体冲击"，又或者同行研发出创新性产品、客户突然陷入经营危机等。

有一件事让我见识到了这名下属的过人之处。

一次，他来向我汇报说："我听说同行业有家公司大幅降低了报价。现在市场行情不好，如果不及时采取应对措施，可能会失去重点顾客一两成的销售额。现在行动还来得及，你需要准备吗？"

换个人，可能对竞争企业的施策也有所知，却不能准确把握其详细内容及其影响。他却能深入思考，并来找我商量。

最终结果非常完美。虽然事态的发展超出了预期，但因为提前制定了防御策略，他及其所属的部门依然完成了既定目标。

乐观地构思和乐观地执行之间是悲观地计划

京瓷公司的创始人稻盛和夫有句名言："乐观地构思，悲观地计划，乐观地执行。"

如此说来，**制订计划应有悲观意识。提前做好应对危机的准备，**是成功的秘诀。

业绩容易波动的人正好相反，乐观地做计划，却带着不安悲观地执行。

所以，我们才要**在计划阶段提出之前的问题："万一进展不顺利呢？"**

这一提问是要搞清楚两件事：假想可能出现的风险和预设应对措施。

这一提问可带给对方一种长远视角。

要点　询问 "万一进展不顺利呢"，提醒下属关注风险。

04 针对"被客户反复折腾的下属"的问题

有很多下属被客户反复折腾，特别是年轻下属。

如果有下属陷入这种境地，你一定要问他"还在修改吗"，以创造机会传授秘诀。

明明"没什么要改的了"

我遇到过这样的事。

提交某个方案后，对方说："这里能不能改一下？"

我当然给改了。

再次提交后，对方又联系我说要改别的地方。我自然也改了。

只是，**这种堆叠的处理方式，不光是我，连带团队其他成员也疲于应对。**从战略论角度来讲，"堆叠式处理"是缺乏计划性的愚蠢行为，应当避免。

如此，我与其再三确认"没有其他要改的了吗"，得到的回答是"没有"。

可提交后，对方又表示还需要修改。

考虑到节点将至，有可能会超期，我无奈问其原因。

"因为总裁说要改……"

最终，我得到和对方公司的总裁直接通话的机会。总裁也很吃惊："怎么会……"之后再没有反复修改的事情发生。

传授高明的调整技巧

任何工作都有这种受"夹板气"的情况，处在弱势地位的年轻下属更是如此。

他们的口头禅都一样。"对方说要改，没办法……""客户说了，不得不处理……"

问题就出在认定了"必须按客户说的那样处理"。

重视客户意见当然很重要，但并不代表如此就能做出让客户满意的结果。

如果你的下属正陷入这种状况，请务必问他："还在修改吗？"

如果对方眼神游移闪烁，那就趁这个时机传授他利用"必要（Must）条件"和"期望（Want）条件"进行调整的技巧。

懂得区分这两种条件，再进行相应调整就能顺利推进项目。下面就这两种条件进行简单说明。

必要条件即刚性条件：没它不行。

期望条件即柔性条件：有它固然好，没它也能行。

假设你正在从事的是猎头工作。

客户： 做过会计，有大公司的工作经验，会英语，能加班，年龄为 25~30 岁。我们需要这样的人才，有合适的吗？

销售： 明白了。我来整理下这些条件，以目前的市场行情，完全符合条件的恐怕不太好找。我先把绝对需要的条件筛选出来。那么绝对需要的条件有哪些？

这就是必要条件和期望条件。

假设对方要求马上把资料发过去，你就需要问清"绝对期限""必须写入的内容"（必要条件），以及"可否临时预算""形式是否随意"（期望条件），据此进行条件整理。

还要进一步商讨将必要条件降为期望条件。

"目前能够满足这一条件的人非常少，我们尽力筛选，您看可以吗？"

要点　传授整理必要条件和期望条件的方法，使下属摆脱受"夹板气"的情况。

---

05 下属反复出错，如何应对？

> 下属反复犯错，屡教不改。
>
> 这就是那个人的特点，所以我们只能放弃吗？
>
> 这时，试试从下属的三大"缺陷"开始探究吧。

反复犯错的下属有三大"缺陷"

参加我的培训课的管理者经常问我一个问题："有的下属总是犯错，怎么提醒都没用，怎么办才好呢？"

确实，有些下属即使被多次提醒也还是会犯错。记错约定时间、忘记提交日期、不听指示任意而为，总是给周围人添麻烦。

这可以通过上司谈话解决。

只是，在这之前，首先要确认其类型。

经常犯错的下属，分为三种类型：

1. 输入端有缺陷

2. 处理器有缺陷

3. 输出端有缺陷

为方便理解，我们以计算机计算 [1+1] 为例来解释。

【输入端有缺陷】

无法正确输入信息 [1+1]。错输成 [1 × 1]。

【处理器有缺陷】

任意加入自己的曲解，认定答案是"犬"。(1+1 → one + one → 汪 + 汪→……)

【输出端有缺陷】

计算机出了故障，显示器无法显示 2。

再通过现实案例来看一下。

【输入端有缺陷】

不注意听别人讲话。听也听不全，会遗漏信息。比如，下属被告知第二天要提交材料，但他由于心不在焉而根本没有接收到这一信息。

【处理器有缺陷】

接收信息后，随意加入自己的解读。比如，"稍微晚点也没事吧"。

【输出端有缺陷】

能力不够或因太忙而顾不上等，在各种条件制约下，心有余而力不足。

你的下属是哪种类型的呢?

重要的是请他亲口说出来

无论是哪种类型，都可用"三言两语"解决问题。

首先，确认将要做的事情。在此基础上，你需要反复叮嘱："为谨慎起见，能不能请你复述一下要做的事？"

复述可以检查输入端的疏漏，也可以避免在处理过程中随意加入个人的解读。

如果你的下属是"输出端有缺陷"的类型，你还需追加询问"没有不清楚的地方了吧"，以进行确认。这样，你才能解决输出端的问题。

在某次培训课上，我就这样提醒过一个反复出错的学员。下面就再现一下当时的场景。

对方是一位刚入职不到一年的新员工，连续两次忘记做培训课作业。因为他没做功课，在培训课的小组活动中不能发言，给其他学员造成了困扰。

通常，我并不会过多提醒学员。只是，当时在教室后面旁听的人事部门的人问我："伊庭先生，能不能麻烦您提醒他一下？我们提醒也没用。我也想学学您是怎么提醒他的。"

既然对方特意提出了要求，我决定演示一下。

我：这已经是第 2 次了吧。好像也给其他学员造成了困扰。我希望今后不再出现这样的问题，可以吗？

学员：是的。对不起。

我：你觉得出现这样的问题是什么原因？

学员：我犯迷糊，忘了这事。

我： 你知道有作业吗？

学员： 知道。

我： 你把作业写在计划表中了吗？

学员： 不，没有。

我： 那你记住有作业了吗？

学员： 开始是记得的……

我： 你认为作业忘了也没事，是吗？

学员： 不是。

不到一分钟，我就了解到，他在输入端有缺陷。

因此，在询问了他今后要采取的措施的基础上，我叮嘱他："为谨慎起见，能不能请你复述一下要做的事？"

学员： 即使是小事，也要写在工作簿上，以防忘记。

（这是他自己得出的答案，用时 2~3 分钟）

在之后的 6 次培训课中，该学员没再忘记过作业。不仅如此，他还总是第一个提交作业。

要点在于通过提问诊断原因，让他自己思考对策，而不是对其说教。这便是杜绝反复犯错的指导方法，就像是通过提问找出原因的"迷你咨询"。

 要点 面对屡次犯错的下属，叮嘱"为谨慎起见，能不能请你复述一下要做的事"，以进行确认。

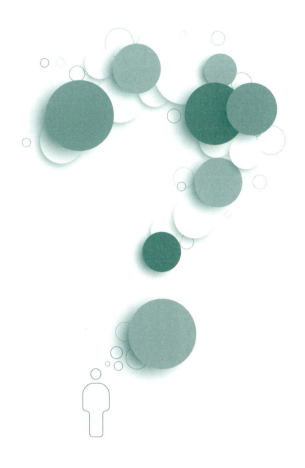

第 6 章

提出问题可消除下属 90% 的烦恼

01 提建议反遭人嫌

> 本章的主题是"听"。
>
> 并且，不提建议，只听。
>
> 只听，下属真能满意吗？

想让上司闭嘴的瞬间

下属来商量事情，上司出于关怀，自然想"设法解决问题""提供一些有效建议"。

但是，假如下属认为这些建议是"麻烦"……

你认为这是为下属好才提出各种建议。

但是，下属内心可能在想："每次跟这人谈话，总会增加好多工作……"

这是因为，**上司提建议对下属来说近乎下指示**。下属觉得，既然收到了建议，下次见面可能就要被问："那件事怎么样了？"

总之，"和上司谈话，会增加工作，还是不谈为妙"。

只倾听不建议。这能够影响你作为上司所采用的方法。

被倾听（有人倾听自己）会分泌多巴胺

只听下属讲，真的可以吗？这样下属会满意吗？你可能会怀疑。

先来介绍哈佛大学心理学教授杰森·米切尔（Jason Mitchell）的一项研究。

米切尔博士说："只要有人听自己讲话，人体便会如品尝美食时一样，分泌多巴胺。"

我们自己不就是这样吗？有人专注地听我们讲话时，我们的内心会感到愉悦。你的下属同样如此。

当然，有时下属是诚心征求建议。因此，你首先要问：**"你是希望我听听就好呢，还是一起商量并当场找到解决办法？"**

一般对方会说："能不能先请您听我说说？"

作为上司，你可能觉得不满足，满腹见地却不能一吐为快，但下属却感觉心里很痛快。

我之前听说过一件事。一名优秀的生活咨询顾问，面对前来咨询的顾客，只专注于倾听，没给任何建议。一个小时后，顾客满怀感激地道谢："我心里畅快多了，太感谢了！今天真是来对了。"

如果仅专注于倾听便能收获感谢，那么我们没有理由不这么做吧。

 被倾听，就能感到快乐。

02　为什么提出问题能够解决问题？

一个人难以处理的问题，两个人一起想办法，多数可以解决。本节将介绍相应的"解决导向法"。

什么是解决导向法？

方才说过，仅靠倾听便可让下属感到满足。其实，**仅靠提出问题也能解决下属的问题。**

"真的吗？"你或许内心存疑。

因此，下面请允许我介绍解决导向法，一种通过提出问题消除烦恼的"咨导"技能。

这原本是为解决药物成瘾问题而开发的一种实证有效的心理疗法。现在被广泛应用于各种日常问题及商务问题，从而备受关注。

具体来讲就是，通过提出问题发现下属的烦恼，其实有各种可供支援的消除渠道。因此，我们解决问题的热情变得高涨，进而找到更好的解决方案。

下面通过对话进行具体解说。

请大家想象，当你因人际关系而烦恼时，上司问你以下问题的场景。

"这样啊。你想想，具备什么条件，这个问题才能够得到解决？"

"确实，我也有同感。那你再说说，如果能利用经验解决问题，有什么经验可用？"

"确实，能想象出来。为了切实解决问题，请允许我再问几个问题。你觉得谁能够协助你？"

"好。还有吗？"

"谢谢。如果这个问题解决了，你将迎来什么状态？"

"这对你来说有价值吗？有什么价值？"

"你有没有解决这个问题的魄力和想法？"

"你觉得怎么办才好？"

怎么样？是不是不仅激发了下属解决问题的热情，还促

使他找到了更好的解决方案?

两个人在一起讨论能发现一个人察觉不到的问题

当然，并非所有问题都能按这一流程顺利解决。

有时下属会拒绝回答，有时也会找不到解决思路。

不过，上司巧妙介入，给下属思考的机会，许多问题是可以迎刃而解的。我有过多次这样的经历。

有些事情，下属察觉不到，而上司可以发现。

不直接告诉他答案，而是通过提出问题启发其自己去发现。本章接下来将介绍相关的沟通方法。

要点 | 如果能通过提出问题获得启发，那么所有问题都将迎刃而解。

比起激励，提问更能提升下属的工作热情

前面也提到了应对没有干劲的下属的方法。

本节将介绍通过提问提升下属干劲的方法。

诊断"干劲不足"

上司最头疼的就是应对干劲不足的下属吧。

"加油""你可以的"，但人往往不会因这几句简单的鼓励而改变。这里也需要"提问"来激发下属的干劲。

首先，你要了解利用**"重要度-自信度模型"**来诊断提升**下属干劲的方法。**

请看图 6-1，在重要度-自信度模型中，下属对待要做的某件事情的态度，被分为 4 种。

这里以之前说过的"避免以加班为前提完成工作"为例。如果下属对此不以为意，那么他的状态就是①③④中的一种，这可通过提问确认。

首先，通过**"关于这么做的重要度，满分是 10 分，你给几分"**这一问题来了解下属对做事的意义认识（重要度）。如

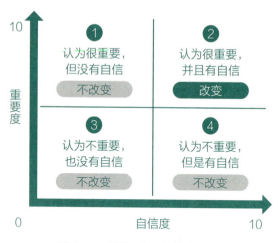

图6-1 重要度-自信度模型

果下属给出的分数在6分以下，基本上是③或④。

接下来，通过**"关于成功实现的可能性，满分10分，你给几分"**这一问题来了解下属对成功的认识（自信度）。如果下属给出的分数在6分以下，那十有八九是①或③。

使其意识到"得"与"失"

诊断完成后，接下来就是提升干劲的提问。

关于提升重要度的问题，可整理为以下两个：

"可获得什么？"

"会失去什么？"

以下的问题，是上司在面对业绩不达标且对此毫不在意的下属时可能会提出的。

"当然，即使没有完成目标，你也是团队的重要成员。也正因为如此，我才想问你 4 个问题，可以吗？"

"你觉得放弃目标能得到什么？"

"你认为放弃目标会失去什么？"

"相反，不放弃目标，坚持努力，你会失去什么？"

"不放弃目标，坚持努力，你能得到什么？"

至于提升"自信度"，我推荐使用方才介绍的解决导向法来向下属提问。

"目标确实很难达成啊。这样的话，你需要具备什么条件才能达成目标？"

"如果可以利用经验达成目标，你有什么经验可用？"

"你觉得谁能够协助你？"

这样，从对方尚未意识到的角度进行提问，使其能明白看似很难解决的事情也有多种解决方法。

一次不行，就多试几次。尝试次数越多，下属的思考就会越全面深入。

要点　用提问探究下属干劲不足的原因，再通过进一步提问激发其工作热情。

04 "差不多"就是刚刚好！

倾听和提问虽重要，但用力过猛只会适得其反。

在和下属对话时，"差不多"就是刚刚好。

首先，自我检测是否擅长倾听和提问

想必大家已经充分了解了倾听和提问的重要性。

那么自己究竟是否擅长倾听和提问，也都想知道吧？

其实，有办法可以进行自我检测。这里我要介绍美国心理学家卡尔·罗杰斯（Carl Rogers）的**罗杰斯人本主义建立关系的三个原则**。

【 罗杰斯人本主义建立关系的三个原则 】

1. 同理心：与对方共情。

2. 无条件的积极关注：尊重对方，不以自己的价值观进行单方面判断。

3. 真诚一致：心、言、行的一致。

下面结合具体的自我检测设问，进行逐条分析。通过检测，可掌握自己是何种倾向。

1. 同理心

设身处地为对方考虑，在共情中理解对方。

不是口头上说"很辛苦啊""很开心啊"，而是贴近对方的心，带着"这种心情，我理解"的想法去倾听和提问。

【检测】对方开心地来报告自己所不知道或不重要的事情时，能否心情愉快地倾听和提问？

2. 无条件的积极关注

是否做到不对对方的讲话作好坏评价，不掺杂自己个人的价值观，而是平视对方，关心对方？

【检测】对于那些为人冷漠的同事，是否也能毫无偏见地倾听和提问？

3. 真诚一致

心口如一，正直坦诚。

【检测】没理解下属的讲话时，能否做到不假装理解，坦诚地加以确认？

怎么样？你给出的答案越是肯定，你越是可以称得上是擅长倾听和提问的人。

暂时搁置个人意见

不过，就算检测给出了否定答案，你也不必强求自己成为一名倾听和提问的高手。只要懂得暂时搁置个人意见，报以

随和的和"差不多"的态度，就算得上善听善问。

"差不多"不代表不负责任，而是指恰当的程度，不必过分用力。

什么是恰当的程度？可以这么比喻：当你吃到不可口的饭菜，不是直接说"真难吃"，也不是违心地说"真好吃"，而是想着"虽然我觉得难吃，但有的人可能会觉得好吃，本来每个人的味觉就各不相同"，然后问对方"你觉得怎么样"。

对方说"好吃"，那很好。对方说"难吃"，那也没关系。

我坚信，在倾听下属讲话时，这种"差不多"的态度就是构建良好关系的重要因素。

要点 在倾听和提问时，搁置"个人标准"，做到"差不多"即可。

05　压力因应——防止下属精神崩溃

我常听到高敏感型人格（Highly Sensitive Person，HSP）这个词，其实我们身边会有很多具有这种人格的人。

"心魔"才是敌人

你的职场中有没有易感的人？

那人或许就具有神经纤细、感受力超强的高敏感型人格。

高敏感型人格并非稀有，据说每 5 人中就有 1 人具有这种人格。你身边应该就有，或者你自己就是其中之一。

所以，我们有必要掌握疏导下属心理压力的技巧，即在对话中运用普遍适用的"压力因应策略"。

"压力因应策略"是将治疗精神疾病的认知行为疗法应用于心理压力管理的策略。

认知行为疗法着眼于改善人们对待事物的方式，而将其活用于心理解压的"压力因应策略"，被职业球员、奥林匹克选手、商业人士等压力过重的人广泛采用。我自己也在为企业提供相关的服务，并确信这可以帮助疏导下属的心理压力。

下面进入具体方法的解说。

应用"压力因应策略"时，第1步要掌握对方真实的压力状态。

压力产生的过程是：刺激→评价→反应（压力）。而我们**要击退的敌人就是潜藏在"评价"中的"心魔"**（图6-2）。

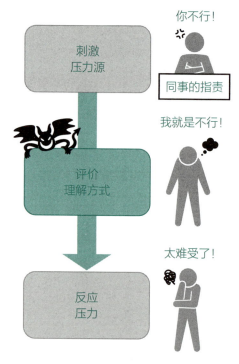

图6-2　压力形成机制

假设某下属受到同事发言的打击，那个同事的发言就相当于"刺激"。然而，他的发言对有的人来说并不构成压力。

因为每个人对"刺激"的"评价"不同。

容易受到打击的人听了可能会丧失自信"我没能力……"而不容易受打击的人听了只是觉得"也有人是这么想的啊""我是不会这么说话的",并不会多想。

这就是"评价"不同。

结果,对有些人来说,就形成了"反应(压力)"。

通过提出问题使下属意识到不合理性

表 6-1 列出了几项"心魔",人们因为这些"心魔"陷入各种压力。

表 6-1

"心魔"	启发方式	提问
应该主义易焦虑	承认多样性	还有其他看法吗? 真的可以如此断言吗?
	留出余裕	有什么影响? 真正的问题是什么?
负面思考易消沉	客观看待事实	从失败中能得到什么教训? 当初的意图是什么?
	关注自己的可能性	还有什么余地? 可以得到谁的协助?
自我关联主义易后悔	切换成未来导向	聚焦今后吗? 能改变什么?
	冷静视角	没有你的参与也会如此吧? 这原本是可以预防的吗?

续表

"心魔"	启发方式	提问
混乱纠结主义担心未来	肯定当下	整理一下你能做的吧？ 整理一下现有的东西吧？
	关注当下	现在能做什么？ 有什么现在不做以后会后悔的事情？
完美主义勉强自己	缓解紧张	试试 70 分主义思考呢？ 完美真的好吗？
	学会拒绝	勉强自己会失去什么？ 假设能谈判呢？
过度解读负面解读	水平视角	如此断言的理由是什么？ 事实是什么？
	应付	能否应付过去？ 想那么多有什么好处？

接下来，我会具体介绍相应的对话方法。

边让下属看着图表边问**"有你对应的'心魔'吗？"**我曾经用这种方法和因心理压力而烦恼的下属谈了几次话。"我就属于这种！""伊庭先生您属于哪种？"谈话比我预想的要热络。

下面是矫正非合理性（之处）的提问。

对"应该主义"的下属，提出"承认多样性""留出余裕"倾向的问题来矫正心魔，如**"还有其他看法吗""有什么影响"**。

关于其他评价中的"心魔"，也同样提出矫正非合理性的问题。这样，面对同事的发言和工作压力时便能冷静接受，不因过度敏感承受不必要的压力。

 对具有高敏感型人格、容易产生心理压力的下属，要使其意识到自己的"心魔"。

06 ▶ 不必勉强自己

> 有时，下属会向上司提出一些"很难实现"的要求。很多人认为，想方设法实现这些期望和要求，是上司的工作。然而，做不到就是做不到，重要的还是倾听和提问。

做不到时，不必勉强自己

下属会不会找你商量一些让你很为难的事？

"我不想坐那人旁边，请给我换下座位。"

"希望能给我涨工资。工资好几年没变了。"

"请给我转正。"

"我想调到隔壁部门……"

能办的事你肯定也想办。本章要说的是，用提问化解这些问题。你能做的也仅此而已。

当然，仅靠提问本身并不能让对方产生认同感。创造促使本人思考的氛围和趋势是关键。比如，你可以这样提问："我也希望能够帮你解决问题。然而，我做不到。你觉得这是为什么？"

我担任管理职务时，和下属进行过此类对话。正确的交流方式应该是这样的：

下属：我想升职。我已经 3 年没升职了。

上司：能不能详细说说你的想法？

下属：比我进公司晚的后辈都比我早晋升，这一点我不能理解。这么下去，我只能跳槽了。

上司：我当然也希望你早日升职。你现在就升职我更开心。然而，即使我想给你升职，也做不到。你觉得这是为什么？

下属：不知道。论销售业绩应该是我更高。

上司：当然，你的销售业绩很高。但是，升职不只参考销售业绩。你觉得还需要具备什么？

下属：团队合作吗？

上司：是啊。还有呢？

下属：嗯，还有？

上司：你心目中的好领导，需要具备什么特质？

下属：关照下属？有领导力？

就这样，通过提问，使下属意识到原因。

勉强满足别人的要求，悔不当初

我一向认为，**勉强满足别人的期望和要求的结局都不好，**

对此我有切身体会。

上文说的那个下属是销售冠军，30 岁出头。因为我们公司是一家年轻的公司，所以年轻人晋升较快。看着自己的后辈一个个晋升管理职，他有些坐不住了。他找我摊牌说："年内如果升不上部门经理，我就辞职。"

当时，我还不太成熟，想着"这可能有难度，不过也有先例"，便和公司交涉任命他为部门经理。

结局非常不好。半年后，那个部门的多数下属都提出要调岗，说："无法追随这样的上司。讨厌只谈销售数字的部门经理。"

几次谈话后，他还是不改正，不到一年的时间就被人事部门降级。不难想象他内心受到的打击。

所以我就想，如果等他本人做好了当一名合格领导的准备，再任命其为部门经理，事情就不会发展到这一地步。

此后，我开始重视促使下属思考的对话。

重要的不是满足别人的愿望，而是对话。

要点 当下属提出不合理要求时，你需要问一句："我做不到，你觉得这是为什么？"

打破内心封闭的下属心中的藩篱

> 内心封闭的下属与外界有一道隐形的藩篱。
> 打破它，你需要以平视的态度，主动坦露自我。

你能分清同情和共情吗？

你身边有没有内心封闭、藩篱高筑的下属？

工作顺利时尚不觉得，而一旦哪个环节出了问题，他就会成为麻烦。

怎么做才能让他吐露内心的真实想法呢？

休斯敦大学社会工作研究生院的布琳·布朗（Brené Brown）博士提出的"同情"和"共情"的区别，可以为人们打破内心藩篱提供很好的启发。

布琳·布朗博士在某短视频平台上为我们做了相关解说，主要内容总结如下：

一个人掉入了一个黑暗幽深的洞穴。

"我被困住了，里面太黑了。该怎么办啊？"大声呼救时，有人发现了，问他："你没事吧？"然后下到洞底，告诉他：

"我也曾掉进来，我明白你的心情，你一定会没事的。"感同身受地一起想办法，这是共情。

而同情则不一样。"啊，你掉进洞里去了？这可不得了啊！可是我也不能下去。你肚子饿了吗？我给你个三明治。"站在高处向洞里的人发出叹息，这是同情。

也就是说，同情和共情的差异在于所处的位置。

布琳·布朗博士说，共情是培养"纽带"，同情是破坏"纽带"。

内心封闭的下属有着出人意料的理由

打破下属内心的藩篱需要共情。方法正如布朗博士所言，首先要处在平视的同一高度，然后边坦露自我边向对方提出问题。

这需要直面过去的阴郁心情，也需要有将其讲出来的勇气。可以说，**共情不是一种技巧，而是"选择勇敢"的行为。**

另外，还需要时间。可能是半年，甚至更久。

我讲一段亲身经历。曾经有一名下属，莫名对我抱有敌意，在我面前犹如"斗鸡"，总是一副随时准备战斗的架势。有一次甚至对我说："伊庭先生是我的敌人。"我不理解他为什么要对我说恶意的话。

偶尔一起吃饭时，我会告诉他我不会唱歌，以前家里开了间小咖啡馆，有时会遇到一些难缠的顾客。我以这种方式坦陈真实的自己。

几次之后，有一天我们坐同一趟电车回家。他对我说："我是那种需要有假想敌来激励自己的类型。正因为伊庭先生像一个打不垮的人，所以我才一直把你当假想敌。"

虽然这理由出人意料（说实话，我完全无法理解），但在那一瞬间，我感觉到了藩篱的消失。自那以后，他开始说"我和伊庭先生有很多相似之处"，有事也愿意找我商量了。

与其说"这可不得了啊"，不如先坦露自我，告诉他你自己的经历，这才是最有力的拆除藩篱的方法。

要点　对待内心封闭的下属，要在坦露自我的同时进行提问。

08 下属做事先找借口，有更深层的原因

借口多，或许是因为下属的自我肯定度低。

多感谢他"帮了大忙"，他找借口的次数会相应减少。

对待总找借口的下属，要格外温和

每个职场都有那种遇事先找借口的下属。

我劝你对此不要过于苛责。

找借口是自我肯定度低的显著特征。

自我肯定是认为"自己是有价值的人"的心理。而认为自己的价值感较低的人，自我肯定度偏低，很在意别人的眼光，易被他人左右。

如果有这样的下属，上司要知道"自我设障（Self-handicapping）"心理。即个体针对可能到来的失败威胁，事先设计障碍（比如找好借口）的一种防卫行为。

"没好好预习，不知道能不能做好。"

"我还没学到位，可能干不好。"

"这个客户不好伺候，可能谈不拢。"

提前找好借口，假定失败了也不是自己的责任。

这容易被误认为是"推责"，其实并非如此。此时可以当作提高下属自我肯定度的契机，充分加以利用。

提升下属的自我肯定度，一通百顺

管理者如何提升下属的自我肯定度呢？

答案是肯定其存在。下面我给大家推荐几种方法。

首先，提问下属"在职场和业务上，你有什么困扰吗？"

下属回答后，向其表达"非常高兴团队有你"的心情。

这么说可能不好理解，下面我们通过对话加以说明。

上司：在职场和业务上，你有什么困扰吗？

下属：是啊……最近都是远程办公，我感觉遇到问题没法立刻获得帮助。

（中略）

要点

上司：谢谢你告诉我。非常高兴团队有你。

这么说稍显唐突，但确实有效。不是夸其"干得漂亮""厉害啊"，而是说"非常高兴团队有你"来表达欣喜和感激之情，提升其自我肯定度。

随时都行，在提问后表示欣喜感激之情。职场氛围会随着这样的行为重复而越来越融洽。

 要点 提问后，一句"非常高兴团队有你"即可提升下属的自我肯定度。

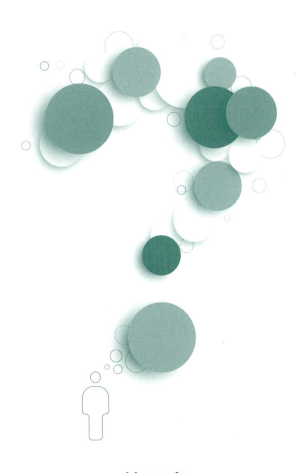

第 7 章

让一对一面谈机制成为
"最佳觉醒场"

01 七成职场已导入一对一面谈机制

> 有什么压倒性效果？
> 你所在的公司也导入了一对一面谈机制了吗？
> 用得好的话，其将成为强大的管理工具。但如果不得其门而入，可能会适得其反。为什么呢？

新冠疫情背景下，企业竞相导入一对一面谈机制的原因

新冠疫情暴发后，企业界导入一对一面谈机制的进程骤然加快。

2020 年日本《人事白皮书》调查显示，有 40% 的日本企业导入了一对一面谈机制。而到了 2022 年时，瑞可利管理咨询公司的调查显示，这一数字上升至 70%。

我也在为企业做一对一面谈培训，切实感受到需求剧增。

这种变化以远程办公、错峰上班、自由工位（free address）的广泛应用为背景。也就是说，起因是职场交流不足已然成了一个大问题。

不过，虽然有 70% 的企业导入了一对一面谈机制，但真正理解其含义的人却不多。所以，我要先解释下什么是一对一面谈。

一对一面谈，是指以一定的频率定期进行两人之间的对话。比如半个月或一个月一次，每次时间在 15~30 分钟。面对面就座，可以让谈话过程平稳有效。

谈话主题则多为"下属的困扰"。

上司与下属之间的谈话，通常由上司主导，上司应确认对方的状况，并予以指导。然而，在这个过程中，**上司需要做到体谅下属的心情，首先做一个倾听者**。听对方说出原本难言的"职场困扰"，还有找不到人商量的"职业生涯规划"。

"徒有其形"反令下属丧失工作热情

一对一面谈机制在多方面都能产生显著效果。比如，增加交流机会、及时掌握下属的状况等。

企业导入一对一面谈机制有各自的目的和特点。如松下互联解决方案公司（Connected Solutions）是为了改善团队氛围，雅虎公司（Yahoo）是为了释放每个人的才能和热情（人才能力开发），菜板网络公司（Cookpad）是为了培养工程师的团队意识。

其实，我提供培训的公司多数都导入了一对一面谈机制，据他们反馈，这有助于提升员工满意度。

需要注意的是，要防止一对一面谈被形式化。实践中"纯粹闲聊""上司单方面讲话""无话可说，陷入沉默"的情况时有发生，导致员工满意度不升反降（图 7-1）。

这种现象的出现有着必然性。因为有相当一部分人并不清楚一对一面谈机制的真正目的和技巧。

只要掌握了技巧，一对一面谈机制就会成为强大的管理工具。

成功起效的一对一面谈

上司和下属的交流机会增多	60.1%
可及时掌握下属的状态	46.5%
上司和下属形成可坦露心声的关系	40.2%
下属获得成长	30.3%
业绩获得提升	16.2%

"形式化""下属满意度低"
……

一对一面谈实施率低、形式化　　33.1%

下属满意度低　　23.3%

实施前后变化不大　　16.2%

调查日期：2022 年 1 月
调查形式：网络调查
回收答卷数：936 份（员工规模 100~699 人、700~2999 人、3000 人及以上的公司约各占 33%）
瑞可利管理咨询公司调查

图 7-1　一对一面谈的效果

 要点　一对一面谈机制的效果巨大，同时它也是一味"烈性药"，用法不当会起反作用。

02 让一对一面谈成功的"和弦"

> 说一对一面谈没意义的人,往往是因为不得其法。它并不像字面那么简单,仅靠临场的即兴发挥,无法真正完成。

名曲的和弦进行都会有章法

在一对一面谈中,如果进展不顺,多数是由于**上司不能坚持倾听下属讲话**。

可以理解的是,持续倾听别人讲 15~30 分钟确实不太容易。靠临场发挥更难做到。

首先要知道,**一对一面谈有一套基本的"和弦"**。

很多人都知道,经典音乐有一套基本的和弦理论和原则。不了解和弦理论和原则的人,很难创作出优美的旋律,没有掌握的人,甚至不能创作音乐。

同样,不知道基本的"和弦",就无法有效进行一对一面谈。因为没有章法,谈话会呈现出东一句、西一句的发散状态。

那么，一对一面谈的"和弦"都是什么呢？一共分为 4 个步骤（图 7-2）。

图 7-2　避免一对一面谈流于表面的 4 个步骤

4 步消除"沉默"和"自说自话"

下面具体解说这 4 个步骤。

第 1 步，破冰。因为下属在单独面对上司时会格外紧张。所以要通过简单闲聊，消除下属的紧张感。

第 2 步，身心测试。询问对方是否身心状态俱佳。这一话题较为敏感，提问需要一定的技巧。随后将介绍巧妙确认对方状态的方法。

第 3 步，夸奖。表达对下属的关心和感谢。机会难得，请务必好好利用。

第 4 步，主题。用音乐来类比的话，这部分就相当于副歌，尤为重要。

这部分占整个一对一面谈的七八成。在这段时间里，上司专注倾听下属的困扰。

谈职场困扰、业务困扰、职业规划，虽不必谈得多么严肃，却也要通过提问了解对方的困扰。

最后确认"是否有所启发""是否找到了应做之事"，结束对话。

这就是基本的"和弦"。掌握这一点后，对话便不会沦为上司的自说自话或双方陷入长时间沉默。

要点　　一对一面谈有简明的"和弦"。

03 用1分钟的开场白"破冰"，消除下属的紧张感

> 每个下属在上司面前都会紧张。如果一开始不消除这种紧张，那么对下属来说，一对一面谈的时间就会很难熬。越是"自感与下属关系不错"的上司越是需要注意这点。

以轻松的话题开场

第1步是"破冰"。

破冰的目的在于消除下属的紧张感。 就算平时关系再好，上司毕竟是上司，多少会带有居高临下的姿态。

当然，如果破冰时间过长就是本末倒置了。下面介绍一个正统却万能的提问："辛苦了！这周忙吗？"

上司： 辛苦了！今天也请多关照。对了，这周忙吗？

下属： 挺忙的。

上司： 辛苦了！在忙什么事？

下属： 会计事务这周格外多，超出了我的预期。

到这儿，就进入了下一个步骤。

或许有人觉得这个开场白过于简单。不过，为了消除紧

张，这样就足够了。毕竟面谈最重要的一环是第 4 步"主题"，这一部分简短结束即可。

聊聊兴趣也不错，只是……

当然，也可以每次用不同的问题"破冰"。比如，聊假期或休息日也是了解下属个人兴趣和信息的不错机会。

上司：最近天气不错哦，你周末都干些什么？

下属：最近我开始打高尔夫了。

上司：是吗，感觉怎么样？

下属：完全迷上了。

上司：我也打，但我打得不好，我一直坚持练习。高尔夫很有意思。

下属：您也打吗？

我推荐大家像这样稍作"自我表露"。

不过，不能做得太过，否则整个面谈将以聊兴趣爱好结束。时长最好**控制在 1 分钟以内**。要谨记这是"破冰"，不是闲谈（图 7-3）。

 要点

以聊天开场，但要注意控制时间。

话题

· 轻松的话题
· 这周、这个月的状况
· 假期、休息日的度假方式

· 了解个人情况的话题
· 了解价值观（进入公司的动机，工作的价值等）
· 故乡（从假期、休息日话题自然过渡）
· 兴趣、特长
· 家庭状况

对话

自然推进对话

· 问事
· 辛苦了！今天也请多关照。对了，上周末天气不错，你出门了吗？

· 听心
· 是啊，漂亮吧。玩得怎么样？

· 自我表露
· 我小时候也常去。

· 听心
· 感觉怎么样？

图 7-3　话题与对话示例

04 使用评分法，确定身心状态

你在盲目相信下属说的"没问题"吗？

对下属进行健康管理也是上司的工作之一。

能够自然代入这一内容，才是成功的一对一面谈。

自然地问起"身体还好吗"

通过闲聊消除紧张后，就进入第 2 步——身心测试。

对下属进行健康管理也是上司的职责。工作中突然问下属"身体还好吗"难免别扭。

但是，在一对一面谈中，你就可以自然顺势问起。

能够在问题严重发生前把握征兆，是一对一面谈的重大效果。一定要充分利用这样的机会。

之前提到过的满分为 10 分的评分法，在此可以发挥作用。

我们来看一下破冰后的场景。

上司：你最近的身体状况还好吗？

下属：嗯，没什么问题。

上司：那挺好。满分 10 分你能打几分？

下属：7 分左右吧。

每次问都能察觉到变化

这样的问题每次一对一面谈都要提出。**不只看分数高低，还要观察分数变化及本人对此的感想。**

上司：上回你打了 9 分，这次你打了 7 分，差异在哪？

下属：到期末清算了，工作比较忙……比上次面谈时，稍微疲惫一些。

上司：能跟我说说什么状况吗？

下属：没那么严重，不碍事，请别在意。

上司：明白了。吃饭和睡眠没什么困扰吧？

下属：是的，都不错。

这种情况下，可以就此结束这一话题。不过，对方说自己有点疲惫，则有必要观察其工作状态。

不盲目相信对方说的"没问题"，倾听其背后不足为外人道的事实，这就是管理的关键。

当然，如果判定下属有问题，则要另找机会再次询问其状况（图 7–4）。

 要点 以评分法提问来确认身心状态，下属更容易回答。

确认的方法

- **切入话题的方式①：评分法提问**
- ·给自己的身心状况打几分？

- **切入话题的方式②：询问身心状况**
- ·睡眠、饮食（有无困扰？）
- ※ 据说 20% 的人有睡眠问题。
- ·疲惫、倦怠感（季节变化等因素）

- **切入话题的方式③：询问工作量**
- ·业务量（加班）是否过多？

对话

▌ 自然推进会话

- **问事**

"那，还是按惯例跟我说说你的身体状况怎么样？"

- **听心**

"7 分啊……能和我说说吗？你现在是什么状况？"

- **问事**

"那我就放心了。不过，你采取什么措施没有？"
（对策）

- **听心**

"是呢，那就好。你还有什么担忧吗？"

图 7-4　确认的方法与对话示例

05 如何在"表扬困难时代"对下属进行有效夸奖？

一对一面谈的第3步——夸奖。

并非你所有的夸奖都会让下属开心，有时会反遭嫌弃。

新冠疫情出现后，日本进入了"表扬困难时代"。

远程办公增多，夸奖愈发困难

夸奖也有窍门，即表扬具体的事实。关键是"具体性"。

比如，单单一句"你非常努力"不算夸奖，反倒像是一种敷衍，甚至有可能拉低对方的积极性。

这里可以参考立教大学的中原淳教授大力倡导的 SBI 思维模型。SBI 指的是情境（situation）、行为（behavior）和影响（impact）三要素，所以又被称作情境行为影响思维模型。

可以尝试用 SBI 思维模型具体夸奖下属。

"上个星期五。"→ S：情境

"你帮助了高桥啊。"→ B：行为

"高桥当时无人可商量，所以你能协助他，他非常开心。"→ I：影响如上，以 SBI 思维模型呈现出的信息表达称赞。

下属这时会想："领导都看在眼里了啊。"

利用三角测量法，多视角探寻夸奖的切入点

三角测量法（triangulation）这一夸奖具体事实的方法，如今运用起来已困难重重。原因在于远程办公和自由工位的进一步广泛应用。

经常有管理者找我倾诉烦恼"现在是远程办公和自由工位，根本无法掌握下属的现状"。

也就是说，我们无法轻易获取夸奖下属的素材。

正因如此，我希望大家利用"三角测量法"来获取下属的信息。

三角测量法是指从以下三个方面多视角获取信息。

【三角测量法】

1. 观察（己方视角）

2. 与下属对话或面谈（对方视角）

3. 征询他人意见（第三方视角）

前两项不用说明，就是通过在职场观察下属获取信息，或通过对话和面谈获取信息。

但是，在前两项难以达成的现在，重要的是第三项——征询他人意见，即从同事处获取信息。

具体来讲，就是在职场多走动，咨询和该下属一起工作的老员工："接下来我要和 ×× 一对一面谈，**你了解的他有什么值得夸奖的地方？**"

当然，如果能通过提问获得作为上司尚未发现的"盲点信息"也不错。如"×× 有什么困扰？""×× 有什么需要改善的地方？"

正因为现在直接见面的机会逐渐减少，获取第三方视角的信息才尤为重要。

我推荐翻新的"走动式管理"

无论是直接观察还是收集第三方意见，重要的是"职场走动"。

其实，这是一种相当了不起的管理方法，叫作**走动式管理（Management By Walking Around，MBWA），是基本管理理论之一。**

美国零售业巨头好市多公司（Costco）前首席执行官吉姆·辛内加尔（Jim Sinegal）每年巡视一轮全美 400 家店铺，就是典型的走动式管理。沃尔玛公司（Walmart）创始人山姆·沃尔顿（Sam Walton）也是走动式管理的实践者。

我自己就有一段经历，算是被正在施行走动式管理的上司所拯救。

　　这个上司平日在总公司办公，有时会突然过来同下属闲聊。

　　一天，这个上司对我说："伊庭，你的下属 ×× 可能正在为……烦恼。"我之前一直没察觉到，经他这么一说，果然发现了苗头。

　　这个上司经常说"要相互合作掌握信息"。有这样的上司，下属会很轻松。

　　总结一下，一对一面谈的第 3 步"夸奖"，**必须注重日常收集信息，包括从第三方获取信息。**

　　在谈话中临时寻找夸奖对方的理由，是行不通的。

要点

临场随口夸奖没有效果。必须以"走动式管理"的方式收集信息，有的放矢地夸奖下属。

06 倾听有窍门——20 分钟内的办法

从容做好前 3 步，终于来到一对一面谈的主题。
要想最大效率地利用有限的时间，必须在最开始做对这件事。

10~20 分钟看似很长，其实很短

现在来到一对一面谈的第 4 步"主题"。

前 3 步，最长也要在 5 分钟内结束，而第 4 步则要花 10~20 分钟的时间，用于持续倾听下属的想法。

谈得投机的话，10~20 分钟转瞬即逝。**必须排个优先顺序，** 以防谈到要紧处，时间却到了。

首先，要让下属从以下 3 个主题中选一个。

【主题选项】

1. 职场困扰（人际关系、待遇、环境等）

2. 业务困扰（忙碌程度、难度、调整的必要性等）

3. 职业规划（现在业务中想尝试的事以及未来的职业规划等）

请看以下对话。

上司：今天谈什么主题呢？

下属：有两个，一是未能成功同 ×× 公司建立合作关系。二是加班次数越来越多，不知道如何应对。

上司：能不能说说具体内容？

下属：好的。实际上……（闻其详）

上司：明白了。时间有限，咱们排个优先顺序吧。哪个更重要？

下属：怎么应对加班的增多吧。

上司：那就先说应对加班的对策。时间允许的话，再说建立合作关系的事，如果时间不够，

再找别的机会怎么样？

下属：好的。

你或许觉得稍微超时没关系，但下属手上的工作是没法停的。下属当场说"有时间"，其实多数情况下巴不得早点结束。

"严格守时"是一对一面谈的铁律。

一对一面谈的退出策略

正因为如此，"面谈的退出策略"才尤其重要。

此前已多次讲到，面对下属的烦恼，上司不一定必须给

出答案。多数情况下，可通过倾听让对方满意。

当然，也有对方诚心求建议的情况。面谈的退出策略有三：

【面谈的三种完成方式】

1. 只是倾听（※ 这种情况最多）

2. 考虑问题的解决方案

3. 紧急问题或无须过多思考的问题，当场给出答案

听下属讲一段话后，要询问："谢谢你告诉我这些。你觉得，我听听就好，还是最好定下解决方案？"

当然，如果是"紧急问题或无须过多思考的事情"，可以当场给出答案。比如"……知道得很详细""在隔壁事业部"等，此类能马上找到的解决方法。

给迫切想提建议的你几点建议

不过，前面也多次讲到，"只是倾听"比想象的要难。这里也要充分利用前面提到过的"扩展式提问"。

利用好三个"如何"，首先问事，然后听心，倾听对方内心的想法，最后提出扩展式问题——"怎么办好呢"，鼓励对方自行思考解决方法。

最好的一对一面谈是促使对方觉醒的场合和机会。

最后，介绍无论如何都想提建议时的处理方法。

经验越丰富，越是想提建议"……怎么样"。然而，不论建议对或不对，如果该建议不符合对方的期望，都会给下属造成压力。

所以，按捺不住想提建议时，你最好采取一些委婉的表达方式。比如："说起来，隔壁部门的员工好像比较擅长……做得还不错。""我也遇到过这种问题，通过……成功解决了。不知道这对你来说有没有参考价值。"

这样委婉建议，不会给人压迫感。这种不强制对方执行的姿态非常重要（图 7-5）。

> **对话**
>
> ■ 专注倾听 20 分钟
>
> **· 问事（现状及过去）**
>
> ·"能不能跟我说说？"
> ·"发生了什么？"
> ·"什么时候开始的？"
>
> **· 听心（现状及过去）**
>
> ·"能再详细说说吗？"
> ·"为什么会这样？"
> ·"为什么担心这个？"
> ·"你感觉怎么样？"
>
> **· 听心（未来）**
>
> ·"怎么办才好呢？"
> ※ 确认是要拿出解决方案还是听听就好。

图 7-5　一对一面谈的对话（示例 1）

要点　找到面谈的"完成方式"，给下属创造觉醒的机会。

07 当下属说"想调岗""想辞职"

> 正因为一对一面谈是问出下属真实想法的场合，所以过程中有很大概率会谈到调岗和辞职。
>
> 不过，急于劝导只会起反作用。

面对上司劝导，当即决定辞职的下属

一对一面谈的主题之一是"想做的事（在现有业务中想尝试去做的事或未来的职业规划）"。这一话题容易往敏感的方向发展。因为下属经常会提出调岗、辞职等令上司很为难的要求。

不过，**如果不问其详便急于劝导，对方可能会更快离职，令你大伤脑筋。**

下面说一件发生在我之前所就职公司的真实案例。对方是一名优秀的销售人员。有一次，他提出希望调到编辑部门工作。然而，公司的想法是把他培养为销售部门的领导。他的直属上司劝导他说："你先做销售部门的负责人，过段时间再去编辑部门也不迟。"

他听后当即下定决心辞职，次月就向我正式提出了辞职。

后来，他在新公司的编辑岗位大显身手，而我们公司则失去了一名优秀员工。

他希望调岗的事我也知道，当时我的想法和他的直属上司一样，先做一段时间本部门的领导，再去编辑部门。这样，他能积累一些统筹员工的经验，为今后的职业生涯创造更多的可能性。

但是，上司的恳切劝导，并未得到他的认同。

通过提问打消下属的离职念头

当下属说"想调岗""想辞职"时，上司该做的不是劝导，而是以提问促使对方觉醒。

通过反复提问促使其思考"意愿的成熟性"和"自身面临的问题"。**在整理问题的基础上，向其传达"现在不是最好时机"的想法。**这样，对方应该会听得进去。

我在瑞可利管理咨询公司工作时，前后有几个下属来找我表达"想辞职"的意愿。也有人说："我想调岗，不然的话就只能辞职。"经过反复提问，最后几乎都说："那我在这再努力一年，学习……"

越是优秀的下属，越渴望成长。重要的是别打击他的兴趣，促其自己去发现和觉醒（图7-6）。

对话

专注倾听 20 分钟

·确认想法

·"我想优先考虑你的立场,能和我说说是什么状况吗?"
·"能告诉我你想要调岗的目的吗?"
·"所以,你是想发挥什么作用和才能?"
·"我想尽量支持你,所以能不能和我说说,有什么证据证明你调到别的部门能大显身手?"
·"你已经采取了什么行动了吗?"
·"调岗牵扯的事情不少,如果无法调岗,你会怎么办?"

·整理问题

·"那样的话,看来要好好想清楚。现在的工作你觉得已经做得很好了吗?"
·"有没有什么做得不到位的地方?"
·"你觉得现在是最好的时机吗?"(具备什么条件,才是最好的时机呢?)
·"越听我越觉得现在可能不是最好的时机,你觉得呢?"
·"我也希望能支持你的职业发展,所以定个时间和目标,暂时先把现在的工作做好,怎么样?"

图 7-6 一对一面谈的对话(示例 2)

要点 面对想调岗或辞职的下属,不能一味挽留。而是要通过提问,得其"认同"。

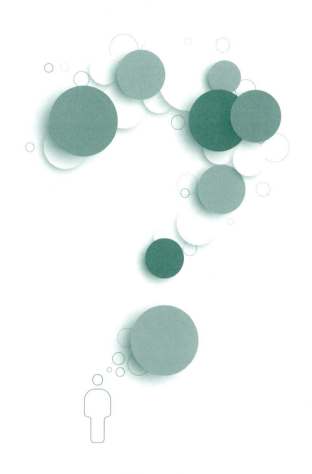

第8章

巧妙的"反馈技巧"——巧妙地指出对方的不足，让对方乐于接受

没人乐意向下属传达"残酷的事实"

如今，多数企业都导入了"反馈机制"。

不是单纯的传达评价。

有比传达评价更重要的东西。

反馈真的有意义吗?

多数反馈是上司对下属自上而下的传达（上司直接向下属传达工作评价）。

有人事考核反馈，也有对具体业务项目的回顾与总结。

但是，需要注意，**此时如果做不到"正确反馈"，就必然起不到激发下属潜能的作用。**

请看日本厚生劳动省的调查，如图 8-1 所示。

这项调查得出的结果是：**在实行反馈机制的职场工作的员工明显会心情更舒畅。**而在反馈频率上，区别并不明显，更高频率对应到工作轻松度上，增加值微乎其微。**数据显示，进行反馈这件事本身，比反馈频率重要得多。**

不过，更有说服力的还有日本厚生劳动省的另外一项调

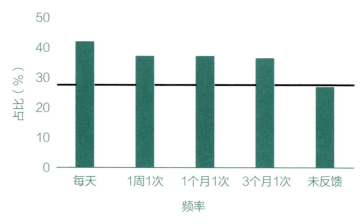

图 8-1　回答工作轻松的受访者占比

查数据：在接受正确反馈的下属群体中，有 40% 的人回答工作轻松。**而认为反馈无效的下属群体，其中只有 20% 的人回答工作轻松。**

只有做到巧妙地指出不足，才能胜任上司一职

什么是正确反馈呢？估计多数人一时答不上来。

坦率地讲，正确反馈不单单是传达结果，还要**具体指出哪些好，哪些有问题，即使说得严厉些，也能被下属接受。**这才是反馈应有的形态。

然而，有很多上司对此并不擅长。如果是夸奖下属的表现好还好说，如果是传达残酷的事实就没那么简单了。

因此本章将介绍**传达残酷的事实也能被下属接受**的反馈

方法，为管理者分忧。简言之，就是"巧妙地指出不足"。

这也是我在管理培训课上介绍的方法。很多参加培训课的人向我反馈说："下属的工作热情高了。"

质量比数量更重要，只要方法正确，反馈的有效性就能得以保证。

02 反馈也要循"序"渐进

前面已经讲过一对一面谈中步骤的重要性。

其实，反馈也一样。贸然反馈，无法对下属产生好的影响，也无法获得认同。

因此，本章将介绍正确的反馈必须遵循的 5 个步骤。

反馈的 5 个步骤

你是不是在贸然给下属反馈？如果是，传达必然受阻。

同一对一面谈一样，反馈也必须遵循一定的步骤。

第 1 步　消除紧张情绪

第 2 步　通知事实

第 3 步　创造认同（激发自觉的对话）

第 4 步　形成改善方案

第 5 步　传达期待

概括来讲，第 1 步到第 3 步是获取下属对反馈内容的认同。

第 1 步是消除紧张情绪。下属面对上司时会紧张，人事考核反馈更是如此。所以你才需要开场时消除下属的紧张情绪，以便自然流畅地对话。

第 2 步是通知事实。具体传达考核得分、已完成事项、残留问题等。

不过，有些事实下属或许无法接受。所以，要进行第 3 步，创造认同。

接下来就是思考"今后"的步骤。

进行第 4 步，形成改善方案。

最后一步是，向下属传达期待，结束反馈。

最重要的是第 3 步"创造认同"

下面就以反馈 U 形理论说明这一系列流程。

U 形理论由美国麻省理工学院的奥托·夏莫（Otto Scharmer）博士提出，是著名的改变人的行为的方法。

将反馈的 5 个步骤套入 U 形理论（图 8-2）。

接下来，将正式介绍具体的创造认同的方法。

贸然反馈无法获得认同。

反馈也需要按步骤推进。

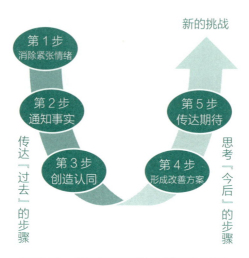

图 8-2　获下属认同的反馈 U 形理论

03 从一句"谢谢"开始

你或许认为反馈是传达残酷评价的场合，

但是，这也是传达谢意的机会。

感谢对方努力工作

第 1 步是"消除紧张情绪"。

这里必须做一件事——感谢对方。

虽说如此，一上来就表示感谢有些唐突。**可以先问近况"这周忙吗"，然后顺势表达谢意"辛苦了！谢谢你一直以来的辛苦工作"。**

特别要注意，即使对方业绩不佳，或者要反馈的内容很残酷，开场也要首先表达感谢。不只是口头表示，更重要的是带着对下属的尊重和感激。

松下公司创始人松下幸之助的一则逸事我非常喜欢。当时松下公司还只是大阪的一家街区工厂。他会对来上班的下属说："谢谢你今天来上班。"

我认识的某大型餐饮连锁集团的会长，也是如此。

当时，我和他一起走在大阪商业街上，他突然说："啊，不好意思，我看到穿我们店制服的人……"说着便跑向对面走过来的年轻店员，大声招呼说："怎么样，大家都干劲十足吧？""是吗，谢谢！"

是的，你的下属在为你工作，仅这点就应该感谢对方。

正因为如此，才要首先表达感谢之情，这是反馈的开始。

 要点 无论要传达多么残酷的事实，都要从和颜悦色地表示感谢开始。

---

04 残酷的内容更应"开门见山"

> 不得不传达一些残酷的内容时,想要说得委婉一些,这种心情我能理解。
>
> 但是,这么做,将阻碍"良性危机感"的产生。

传达残酷事实要循"序"说明

第2步是通知事实。

有时,上司不得不进行残酷的反馈,此时更需要按"顺序"说明。

首先,先传达考核分数(评价)。

"这次考核结果,你得2分。"即使结果残酷,你也要这样开门见山。

接下来传达对方表现较好的点。

"首先,说一下评分依据。你做了……得到了较高评价。因为你做了……之前……的状况有所改善,很棒。"

要点是以上一章介绍的情境行为影响(SBI思维模型)三要素进行传达。

然后讲不足。

"另一方面，这次你也有不足之处。在……的状况下，你应该采取……但是我没看到你采取任何行动。对于这一点，我感到很遗憾。"

这个顺序请务必遵循。

下属难受，上司也不好受。但是……

传达残酷内容，有一个非常重要的注意事项——**不留找借口的余地。具体点讲，上司不要说"这也是没办法的事"**。

"你资历尚浅，这也是没办法的事。"

"其中也有市场行情急剧恶化的原因……"

"这段时间确实太忙了，有些地方也是没办法……"

这些话总会脱口而出，这种心情我能理解。

作为个人，想安慰对方"你已经很努力了。这个项目的难度确实不低"。然而，这么做对他本人并无益处。

这看似体贴，对方却未必这么认为。因为，在下属看来"既然你这么想，那就为我考虑一下，通融一下啊"。

这里，我希望你意识到一点——**良性危机感**。

在这一步骤中，重要的是给下属一种危机感。

不是单纯指责对方，而是让对方认识到"这样下去不行"，然后改变行为。

　　为此，还是要直截了当地传达残酷事实，使对方产生一种良性危机感。

　　这个瞬间，下属很难受，上司也不好受。

　　我也有过几次这种经历。有的下属很受打击，满眼泪水。

　　不过，请放心，接下来就可以进行第3步——创造认同。与其拉近距离，促其觉醒。所以，在当前这一步骤，残酷事实直说无妨。

　　总之，第2步是通知事实，**残酷反馈更要狠下心来，直截了当地传达。**

要点　传达残酷事实时，不要有借口，须直截了当。

05 给拒不接受的人提供新视角

> 其实，我们需要从新视角提出反馈。

首先，专注倾听

接下来是反馈最重要的一个步骤——创造认同。

下属收到残酷反馈后，没那么容易接受。有些时候，任你说得再有道理，下属也照样会产生抵触心理。

这时，上司往往会试图说服他。

但是，正如前面所讲，说服和劝导起不到任何作用。反馈时亦然。

创造认同时，最重要的是做一个倾听者。

具体可做以下两件事：

【创造认同的对话】

1. 专注倾听下属的想法（不插话）。

2. 提出问题"从这个角度来看呢"，促使其觉醒。

下面来看具体对话如何推进。

从专注倾听下属的想法开始。阅读时请重点关注画线部分。

上司：听到这个结果，你怎么想？

下属：这不可能。您也知道，现在市场行情急剧恶化，很难完成业绩目标。这些一点都不考虑吗？

上司：我们来梳理一下。你是在什么时候知道了市场行情恶化？

下属：8月左右。

上司：当时你采取了什么对策？你做了什么？

下属：嗯，我做了……

上司：结果怎么样？

下属：我觉得短期内难以应对……

上司：这样啊。然后做了什么？

下属：还是找不出应对之策……

上司：是吗？或许有些情况我没掌握，有的话，能不能告诉我？

下属：嗯……我的任务是不是太重了？

上司：任务太重……啊，为什么你会这么觉得呢？

下属：……

这里用到了扩展式问题。通过灵活应用扩展式问题，找出下属心中的纠结和疑虑。

在对话中插入新视角

在此基础上，将话题逐渐切换至促使其觉醒的提问。

下面请关注波浪线部分。是从新视角给予启发的提问。通过带入新的视角，打破下属的"壁垒"（图 8-3）。

图 8-3　认同，始于新视角

好，继续刚才的对话。

上司： <u>现在想来</u>，有没有什么当时应该做的？（"现在想来"的视角）

下属： 是啊。该早点找您商量的。

上司： 当时没找我商量，<u>现在想来</u>，这是为什么？

下属： 太忙了，脑子不够用。

上司： <u>这件事，你怎么看</u>？

下属： 确实，是啊……疏忽了。

上司： 不过，隔壁部门的员工应对得就不错。所以，我觉得可能有某些办法可以应对市场行情恶化。<u>假设处理得当，你觉得结果会如何</u>？（"假设处理得当"的视角）

下属： 我应该早些察觉的。也能得到些好的建议。

上司： <u>那这事，你怎么看</u>？

下属： 我当时过于封闭，没有关注外部。

上司： 其实，我也认为问题出在这里。

当然，实际对话不会这么顺利。大家需要有个大概印象，即通过扩展式问题和提供新视角使其本人慢慢开始认同反馈。

化身倾听者，专注倾听，化解对方的"怒火"。**通过提供新视角的提问，打破下属的偏执和"壁垒"**。这些顺序和步骤极为重要。

下属说"我不接受"时，上司首先要做的是倾听。然后，引入新视角。

---

06 询问"今后"——重要的是自主性

> 别人吩咐的事，办不成也未必懊恼；自己决定的事，做不到却一定不甘。

自己想出的办法，实施起来干劲十足

接下来的步骤是思考"今后"（图8-4）。

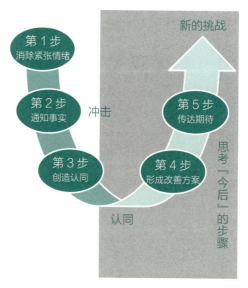

图8-4　思考"今后"

这时，应该意识到要"让对方自己思考"。

我们对自己决定的事情更容易全身心投入。**这种自己做决定的感觉被称为"自主性"**。

另一面，对于别人决定的事情，会有一种"受迫感"。被上司指示说"尝试下……吧"再去做事，就很难产生自主性。

"让对方自己思考"是管理的常规手法，只要对方不是一张白纸的新员工。

专注倾听，问题竟在不知不觉中迎刃而解

倾听很重要。

请看下面的对话，上司始终作为一个倾听者，专注倾听下属的想法。

上司：那，考虑一下今后要怎么做。

下属：好的。

上司：谨慎起见，先梳理这次的问题，然后思考今后要怎么做。你能不能再来说说有什么问题？

下属：好的。问题在于初期应对过于迟缓。我应该早报告、早商量、早请教。

上司：是啊。那今后要怎么做呢？

下属：嗯，首先，不能闭门造车，在察觉情况有变的第一时间找上级商量。

上司：知道了。那今后就这么办。

下属：好的。

上司：对了，你还有什么担心或不解的地方吗？

下属：打电话或发邮件商量可行吗？

上司：当然。任何方式都行。

下属：明白了。其他没问题。

上司：那就这么办。

怎么样？回看画线部分可以发现，在以上对话中，上司只做了一件事——提问。

- 谨慎起见，请对方"复述"。
- 在确认认识一致的基础上询问"应该做什么"。
- 询问"还有什么担心或不解的地方吗"。

以我的经验，下属自己提出的改善方案几乎都能起效。

要点 只要统一了认识，下属自己想出的改善方案才是
最佳的。

最后应提出的终极问题

> 假如反馈的最后还有要对下属说的话，
>
> 则非期待的话语和终极提问莫属。
>
> 卓越领导者的秘诀——终极提问

卓越领导者善用的最后一问

终于到了最后一个步骤——传达对下属的期待。告诉下属**"你肯定没问题"**，这里该做的仅此一事而已。关键是发自内心的期待，而非客套。

发自内心的期待能够提升对方的"自我效能感"，使其觉得"自己努力干就能成"。也有助于对方消除担心和疑虑。

那"最后一问"是什么呢？

虽然上司中的大多数都不知道，但其中的佼佼者们都懂得使用这种秘诀。**"假设有困难，会是什么呢？"**

说是秘诀，其实就是第5章介绍过的有效提问。

作为一位多年的销售负责人，我认识到能否实现业绩目标的关键在于一个问题：是否能够预见风险并提前思考应对策略。这一点是区分能够完成目标和难以完成目标的人之间的主要差异。而这并不仅限于销售岗位，对于所有的岗位都是如此。

跨越"突如其来的一道坎"

任何工作，都难免遭遇"突如其来的一道坎"。

"……先生突然离职，商谈中止了。"

"说是期末情况突变，合同黄了。"

你认为这是"不可抗力"，还是能够作为预料中的状况从容应对？这就是一个大的分水岭。

下属容易局限于眼前的工作，而你是上司，**应该能够从更多更广的视角察觉风险。**当然，最重要的是传达期待。

假设卓越的领导者只问一个问题，那一定非此问题莫属。

要点　通过最后一问，让下属做好应对意外风险的准备。

附录　激发员工主观能动性的 30 个"强效提问"

诱发下属自主意识的提问（第 2 章 08 节）

"应该怎么做？"

"什么事情可以帮助你攻克难关？"

诱导"真心话"的提问（第 3 章 02 节）

"如果有困扰，能不能跟我说说？"

助下属整理思维（第 3 章 04）

"……也就是说……"

问遇事先说"做不到"的下属（第 4 章 01 节）

"具备什么条件才能办到？"

问只会索要答案的下属（第 4 章 02 节）

"假设如此，怎么办才好？

激发中年员工的干劲（第 4 章 04 节）

"你能不能助我一臂之力？"

"对于现在的状况，你有什么看法？"

引导下属找到"想做的事"（第 4 章 06 节）

"你有没有想要过的生活？"

"你有没有想要担任的角色？"

问总是手忙脚乱的下属（第5章01节）

"时间留出余量了吗？"

问常加班的下属（第5章02节）

"你完成工作需要以加班为前提吗？"

"你不提前定下结束工作的时间吗？"

问不做"风险管理"的下属（第5章03节）

"万一进展不顺利呢？"

问常受"夹板气"的下属（第5章04节）

"还在修改吗？"

问反复犯错的下属（第5章05节）

"为谨慎起见，能不能请你复述一下要做的事？"

"没有不清楚的地方了吧？"

让下属客观认识自身状况（第6章03节／第7章04节）

"现在的状况，你给几分？"

改造没有干劲的下属（第6章03节）

"可获得什么？"

"会失去什么？"

防止下属精神崩溃（第6章05节）

"有你对应的'心魔'吗？"

问完美主义，容易焦虑的下属（第6章05节）

"还有其他看法吗？"

问负面思考的下属（第 6 章 05 节）

"从失败中能得到什么教训？"

问容易后悔的下属（第 6 章 05 节）

"这原本是可以预防的吗？"

问混乱纠结的下属（第 6 章 05 节）

"整理一下你能做的吧？"

问总是勉强自己的下属（第 6 章 05 节）

"试试 70 分主义思考呢？"

问向你提出无法满足的要求的下属（第 6 章 06 节）

"我做不到，你觉得这是为什么？"

问自我肯定度低的下属（第 6 章 08 节）

"在职场和业务上，你有什么困扰吗？"

破冰之问（第 7 章 03 节）

"这周忙吗？"

做一个彻底的倾听者（第 7 章 06 节）

"你觉得，我听听就好吗？"

问正考虑调岗或辞职的下属（第 7 章 07 节）

"所以，你是想发挥什么作用和才能？"